京津冀生产性服务业与制造业协同发展研究

李 宁 著

中国财经出版传媒集团

经济科学出版社
Economic Science Press

图书在版编目（CIP）数据

京津冀生产性服务业与制造业协同发展研究/李宁著 .
—北京：经济科学出版社，2018.9
ISBN 978 - 7 - 5141 - 9821 - 8

Ⅰ.①京… Ⅱ.①李… Ⅲ.①生产服务 - 服务业 -
产业发展 - 关系 - 制造工业 - 产业发展 - 研究 - 中国
Ⅳ.①F719②F426.4

中国版本图书馆 CIP 数据核字（2018）第 233827 号

责任编辑：李晓杰
责任校对：曹育伟
责任印制：李　鹏

京津冀生产性服务业与制造业协同发展研究
李　宁　著
经济科学出版社出版、发行　新华书店经销
社址：北京市海淀区阜成路甲 28 号　邮编：100142
总编部电话：010 - 88191217　发行部电话：010 - 88191522
网址：www. esp. com. cn
电子邮件：esp@ esp. com. cn
天猫网店：经济科学出版社旗舰店
网址：http://jjkxcbs. tmall. com
北京季蜂印刷有限公司印装
710×1000　16 开　13.75 印张　250000 字
2019 年 1 月第 1 版　2019 年 1 月第 1 次印刷
ISBN 978 - 7 - 5141 - 9821 - 8　定价：48.00 元
（图书出现印装问题，本社负责调换。电话：010 - 88191510）
（版权所有　侵权必究　打击盗版　举报热线：010 - 88191661
QQ：2242791300　营销中心电话：010 - 88191537
电子邮箱：dbts@ esp. com. cn）

本书获天津市社会科学界联合会研究项目资助。

天津市哲学社会科学规划青年项目："京津冀生产性服务业与制造业协同：机制、因素与路径"（TJYYQN17 - 007）最终成果。

前　言

　　本书是作者在河北工业大学攻读博士期间的论文和天津市社会科学界联合会 2017 年青年研究项目"京津冀生产性服务业与制造业协同：机制、因素与路径"（课题编号：TJYYQN17－007）研究报告的基础上整理充实而成。本书在撰写过程中，得到了天津市社会科学界联合会、天津市统计局、京津冀协同发展研究中心等支持，本书出版获得天津商业大学现代服务业发展研究中心高校智库专项经费资助，并得到了经济科学出版社的协助，在此一并表示衷心的感谢。

　　在京津冀协同发展上升为国家战略背景下，雄安新区的设立又为京津冀协同发展带来新的发展内涵和动力。京津冀协同发展的实质是产业的协同发展和深度融合，这需依靠生产性服务业和制造业的协同发展，具体而言，涉及优化产业空间布局、产业结构升级与调整、企业活动创新与关联等方面的规划与重构。因此，进一步理顺京津冀产业发展链条，加快推进区域内和区域间产业对接协作，形成合理的区域间产业布局，贯通产业内和产业间上下游联动机制，紧密对接产业规划，避免同构性、同质化发展，成为当前理论界和实务界积极探讨和亟待解决的议题。

　　本书基于对以上问题的思考，以"一大板块、两大产业、三大区域"为研究对象，即京津冀协同板块、生产性服务业与制造业两大产业、北京、天津和河北省三大区域。通过"现象——机制——效应——路径"的研究脉络进行贯穿，以京津冀生产性服务业与制造业区域内和区域间发展现状为切入点，通过静态和动态的研究视角分析，对京津冀生产性服务业与制造业协同发展的宏观空间布局、中观产业链调整和微观企业间协作和创新活动三个层面进行探讨。

第一，以"现象"研究为导入。通过整体和部分分析方法，具体研究京津冀三地区域内和区域间生产性服务业与制造业现状，提出制造业存在产业同构现象、生产性服务业梯度差异明显等问题。

第二，以"机制"研究为支撑。从空间布局的宏观视角，提出从产业协同到产业集聚再到空间布局优化的逻辑机理；从产业关联的中观角度，提出从产业垂直关联到产业协同的作用机理；从企业活动微观角度，提出企业间知识关联促进创新活动、提高协作水平的微观机理。

第三，以"效应"研究为解题突破。从京津冀区域内和区域间部分和整体角度，以及动态和静态分析两个维度，运用单位根检验、格兰杰因果关系检验、协整检验对生产性服务业与制造业之间的计量关系进行较为全面的分析，在此基础上建立向量误差修正模型（VECM）对两产业之间的动态关系进行实证分析，研究表明京津冀两产业之间协同存在非均衡性特征。使用中间需求率、中间投入率、影响力系数、感应度系数对京津冀三地两产业细分行业特征进行了分析。

第四，以"因素"研究将问题深化。为了深入研究问题，提出京津冀两产业协同的七个驱动因素；使用生产性服务业与制造业的耦合协调度模型，测算京津冀区域内和区域间两大产业间协同发展程度，研究表明天津两产业的耦合协调度高于北京、河北，总体均处于中级协调水平。使用面板模型对驱动因素进行实证，以进一步解释京津冀两产业的产业关联程度还不够充分，存在阻碍其协同发展的体制和机制方面的原因。

第五，以"路径"研究为落脚点。从基于城市空间维度优化产业空间布局、基于产业链维度强化价值链协同演进、基于企业知识关联维度塑造企业间协同网络等三个层面提出协同思路和方式，依据前期研究成果，提出具有针对性的两产业协同发展对策。

总之，本书从理论梳理、现状分析、实证研究、对策建议等多方面、全方位、多视角地对京津冀生产性服务业与制造业协同发展问题进行了论述。但是，研究还有待深化，希望广大读者和各界人士不吝赐教，通过不断地探讨，促进生产性服务业与制造业的产业协同，促进京津冀区域协同发展迈向更高的层次。

李　宁

2018 年 8 月于天津

目 录

Contents

第一篇　生产性服务业与制造业协同发展理论研究

第二篇　京津冀生产性服务业与制造业现状分析

第三篇　京津冀生产性服务业与制造业协同发展实证研究

第四篇　京津冀生产性服务业与制造业协同发展路径与对策

第一篇

生产性服务业与制造业协同发展理论研究

第一章

绪　论

第一节　研究背景

一、服务业逐渐成为经济主导，生产性服务高速发展

20 世纪以来，全球产业发展出现新迹象，服务业在各国经济发展中的地位不断上升，现代服务业的生产性服务部门的作用逐渐凸显。在经济全球化和信息化的推动下，全球产业结构呈现出由"工业型经济"向"服务型经济"的转变，生产性服务业已成为发达国家的主导产业和各国经济发展的新增长点。生产性服务业是为社会物质生产提供各种非实物形态的新兴服务业，具有高科技含量、高附加值、高人力资本和高成长性的特点，对其他产业具有较强的带动性，成为促进国民经济效率提高的主导力量。生产性服务业是介于生产和消费之间并从制造业中剥离演进而来的，本身并不向消费者提供直接的、独立的服务效用。从产业演化的角度看，生产性服务与制造业存在着生产性服务业内置于制造业、生产性服务业与制造业垂直分离、生产性服务业与制造业高度关联、生产性服务业与制造业融合四个阶段。随着工业化和城市化的不断推进，

生产性服务业对制造业的影响越来越显著，也需要专业化的生产性服务业与制造业深度融合。

二、信息化与工业化深度融合，全球制造业格局的重大调整

中国已经成为制造业大国，但是由于中国制造业缺乏核心技术，自主创新能力薄弱，因此不是制造业强国。国际金融危机发生后，全球产业竞争格局正在发生重大调整，发达国家纷纷实施"再工业化"战略，重塑制造业竞争新优势，加速推进新一轮全球贸易投资新格局。我国制造业面临发达国家和其他发展中国家"双向挤压"的严峻挑战，必须放眼全球，加紧战略部署，着眼建设制造强国，抢占制造业新一轮竞争制高点。2015 年 5 月，国务院正式印发《中国制造 2025》，指出在信息化与工业化深度融合和产业国际化的背景下，应积极发展服务型制造和生产性服务业；加快制造与服务的协同发展，推动商业模式创新和业态创新，促进生产型制造向服务型制造转变；大力发展与制造业紧密相关的生产性服务业，推动服务功能区和服务平台建设。由中国制造向中国创造转变，急需制造业转型升级，发挥生产性服务业在制造业升级中的"助推器"作用，加快生产性服务业促进制造业价值链升级，以在国际产业链分工中处于高端环节。

三、京津冀协同发展战略的提出及三地产业基础

京津冀"首都圈"概念首次被提出是 1982 年的《北京市建设总体规划方案》，2004 年京津冀达成"廊坊共识"，并在 2011 年被纳入"十二五"规划。2015 年 5 月《京津冀协同发展规划纲要》审核通过，纲要指出，推动京津冀协同发展是一个重大国家战略，核心是有序疏解北京非首都功能，要在京津冀交通一体化、生态环境保护、产业升级转移等重点领域率先取得突破。2015 年 7 月京津冀三地相继出台落实政策。《北京市贯彻落实〈京津冀协同发展规划纲要〉》指出北京要聚焦推进交通一体化发展、加强生态环境保护、推动产业升级转移三大重点领域。《天津市贯彻落实〈京津冀协同发展规划纲要〉实施方案（2015 - 2020 年）》将"提高先进制造研发水平"置于落实京津冀协同发展措施首位。未来 5 年，天津将构建结构优化、布局合理、特色鲜明的产业体系，形成技术领

先、配套完备、链条完整的产业集群，建成先进技术、创新要素、高端产业的承接地和聚集地等，支撑和引领中国制造业发展。《河北省贯彻落实〈京津冀协同发展规划纲要〉》相继出台了《河北省建设全国现代商贸物流重要基地规划》《河北省建设新型城镇化与城乡统筹示范区规划》等专项规划，以推动落实京津冀协同发展战略要求。

要着力加快推进产业对接协作，理顺三地产业发展链条，形成区域间产业合理分布和上下游联动机制，对接产业规划，不搞同构性、同质化发展。但长期以来，京津冀地区经济发展极不均衡。首先，由 2016 年《北京市统计年鉴》《天津市统计年鉴》《河北省统计年鉴》的数据可知，北京的三次产业结构比例在 2015 年为 0.7：21.4：77.9，服务业比重超过 50%，处于后工业化时期；天津的三次产业结构比例为 1.3：49.4：49.3，服务业与第二产业比重相当，处于工业化后期；河北的三次产业结构比例为 11.7：51.1：37.2，第二产业比重明显高于服务业，处于工业化中期。因此，京津冀三地产业之间存在差异化、梯度化。其次，北京和天津生产性服务业集聚程度高于全国平均水平，天津的生产性服务业集聚效应凸显，但是无论从集聚水平还是扩散效应来看，还远低于北京，而河北生产性服务业的发展潜力巨大。再者，河北是基础制造业大省，医药制造业、仪器仪表制造业、汽车制造业、铁路、船舶、航空航天和其他运输设备制造业等方面在京津冀都市圈内形成产业梯度，具有较强的竞争力，但大多数制造业仍属于劳动密集型产业，生产性服务业集聚程度不高，技术创新、科技成果转化能力不强。

2017 年 4 月，作为"千年大计"而设立的雄安新区，是疏解北京非首都功能的集中承接地，承担着创新发展示范区、高端高新产业集聚地和发展高端高新产业的使命，在京津冀协同发展战略中起着举足轻重的作用。综合以上几大背景，在新格局、新形势、新使命下，将京津冀产业协同发展问题聚焦到生产性服务业与制造业的协同发展，是破解三地两大产业间发展非均衡的关键和核心。那么，京津冀都市圈及区域内生产性服务业与制造业的产业空间布局如何？京津冀都市圈及区域内生产性服务业与制造业协同发展程度如何？影响京津冀生产性服务业与制造业协同发展的关键因素有哪些？实现京津冀生产性服务业与制造业协同发展的路径是什么？本书将在京津冀协同发展、《中国制造 2025》和雄安新区设立等国家战略背景下，通过多层次、多角度的系统分析，解答京津冀生产性服务业与制造业协同发展问题。

第二节 研究意义

一、理论意义

第一，基于跨京津冀区域的空间视角，探究生产性服务业与制造业协同发展问题。目前，基于空间视角的区位选择与协同定位问题，主要集中在某一地区两个部门之间协同的原因和机理；实证研究主要以单一地区数据建立模型，验证二者协同关系。但是针对跨地区两个产业以及细分产业之间协同问题的研究甚少，因此，探究跨地区生产性服务业与制造业的协同定位过程、影响因素、路径安排及协调效果具有重要的理论意义。

第二，分类别、分层次、全方位梳理京津冀生产性服务业与制造业协同发展机理。本研究从产业空间的宏观角度、产业关联的中观角度和企业活动的微观角度，对二者协同发展进行机理分析；从京津冀生产性服务业与制造业发展现实的角度，提出影响协同发展的关键因素；由宏观、中观和微观层面的机理分析提出协同发展的路径模式，因而，具有重要的理论意义。

二、现实意义

第一，推进京津冀区域协同，实现产业一体化发展。实现京津冀协同发展的国家发展战略，其核心是产业的协同发展。本书以生产性服务业和制造业协同发展为主要研究对象，分析京津冀生产性服务业与制造业协同发展的现状，从中发现协同发展中的问题，试图提出对策建议，以提升二者协同发展的水平。这对推进生产性服务业与制造业在京津冀地区的梯度转移，逐步实现产业一体化发展，进而提高京津冀都市圈经济的整体竞争力具有重要的现实意义。

第二，提升京津冀生产性服务业与制造业空间布局合理化、空间资源配置集约化。生产性服务业与制造业协同是二者在京津冀空间上的梯度转移与协同演进的过程，在协同过程中资源与要素配置不断集约化；使之空间布局更加合理化、产业布局更加高端化。具体而言，本研究在雄安新区建设和京津冀协同发展的新形势、新背景和新格局下，从产业空间布局的宏观角度、产业链调整的中观角度、企业活动联系的微观角度以及基于驱动要素维度构建产业协同环境四个方面提出协同发展的关键影响因素和协同路径模式，这对全面提升产业协同发展，具有重要的现实意义。

第三节　研究思路与方法

一、研究思路

本书以"一大板块、二大产业、三大区域"为研究对象，"一大板块"是指京津冀协同板块；"二大产业"分别是生产性服务业与制造业；"三大区域"分别是北京、天津、河北。以三地生产性服务业与制造业发展的宏观、中观、微观层面协同为立体研究框架，通过"现象——机制——效应——路径"的研究脉络进行贯穿。结合动态和静态分析，综合长期和短期发展研究，以理论基础梳理和研究综述为支撑，以京津冀三地生产性服务业与制造业现状分析为切入点，提出协同发展问题和研究假设。进而以静态和动态为研究方法，从长期和短期两个角度分析二者协同发展的性质和特征。为了把研究从定性分析深入到量化研究，以定量分析研究二者协同发展的程度。为了深入分析影响二者协同发展的驱动因素，从京津冀生产性服务业与制造业发展现实的角度研究关键因素。最后，从宏观、中观、微观三个层面与空间、产业、企业和保障机制四个维度提出二者协同发展的路径模式。

二、研究方法

本书从理论上梳理生产性服务业与制造业协同发展的理论支撑，提炼出确保二者协同发展的理论基础，并从京津冀三地生产性服务业与制造业的发展现实出发，探究影响二者协同发展的关键因素，提出确实可行的协同路径模式。本书综合运用产业经济学、区域经济学、新经济地理学、贸易经济学等理论知识，在研究方法上主要体现以下几点。

一是规范分析与实证分析相结合。

本书使用规范分析方法梳理生产服务业与制造业的理论基础与主要研究成果，提出研究京津冀两大产业协同发展的理论支撑，概括出生产性服务业与制造业协同发展的机理，在分析三地产业发展现状的基础上，提出相关研究存在的问题；本书使用投入产出法、耦合协调度模型、面板模型等实证分析方法，对京津冀两大产业关联特征及两大产业协同发展的程度进行了测度。

二是动态分析与静态分析相结合。

动态分析强调事物发展的变化过程和演化趋势，本书利用历史和发展眼光，使用动态分析研究京津冀生产性服务业与制造业协同发展的长期均衡；静态分析强调事物在某一时点或某一状态的特征，使用静态分析研究京津冀生产性服务业与制造业协同发展的短期波动性。

三是定性分析与定量分析相结合。

本书使用定性分析研究京津冀生产性服务业与制造业发展现状，提炼两大产业协同发展的机理；使用定量分析研究京津冀生产性服务业与制造业协同发展的关键驱动因素，进而提出两大产业协同发展的路径。

第四节 研究内容、技术路线与创新点

一、研究内容及技术路线

本书以"现象——机制——效应——路径"为研究脉络，在分析京津冀整体板块的总体概况和区域间经济联系的基础上，提出三地两大产业现状及存在的问题；归纳三地两大产业协同发展的性质和特征，进一步测度三地两大产业的协同程度；探讨京津冀生产性服务业与制造业发展的关键因素；提出一大板块两大产业之间协同发展的路径模式。具体研究内容如下：

第一，研究准备与理论基础。综述有关生产性服务业与制造业协同发展的理论基础和研究成果，回顾与总结前期研究成果，为本书提供理论支撑。

第二，以"机制"研究为支撑，梳理京津冀生产性服务业与制造业协同发展机理。生产性服务业与制造业之间的协同发展内在机理主要体现在三个维度：空间维度、产业维度和企业活动维度。空间维度的协同是指制造业与生产性服务业协同在不同空间层次的表现。产业维度的协同是指生产性服务业制造化、制造业服务化，通过产业价值链的重构、相互嵌入的过程。企业活动维度的协同是指生产系统在技术、金融、信息、知识和物质性生产要素的协同。本书重点从三个层面全方位地梳理京津冀生产性服务业与制造业协同发展机制。

第三，以"现象"研究为导入，综合分析京津冀区域经济发展状况、产业发展联系以及生产性服务业与制造业发展现状，总结研究问题，提出相关的研究设计。使用经济联系量化模型具体分析了京津冀三地经济联系程度，并综合分析了三地生产性服务业与制造业的发展现状，提出产业同构和产业梯度发展的研究问题，重点讨论京津冀两大产业协同发展问题。

第四，以"效应"研究为问题破解点，探讨京津冀生产性服务业与制造业协同发展的性质和特征。从京津冀三地区域内和区域间部分和整体角度，以及动态和静态分析两个维度，研究二者协同发展的长期均衡性和短期波动性。运用单位根检验、格兰杰因果关系检验，协整检验对生产性服务业与制造业之间的计量关系进行较为全面的分析，在此基础上建立向量误差修正模型（VECM），对二者之间的动态关系进行实证分析，探讨两大产业协同发展的性质与特征。为了研究跨地区的产业协同特征，分别构建 VAR 模型研究北京两大产业对天津生产性服务业与制造业的影响。最后，提出京津冀两大产业协同的非均衡性特征及其再平衡的思考。

第五，将问题分析引向深入，研究京津冀生产性服务业与制造业协同发展程度以及关键影响因素。为了将问题研究引向深入，使用生产性服务业与制造业的耦合协调度模型，分别从区域内和区域间两个维度，测算两大产业间协同发展程度，以量化出区域内和区域间两大产业协同发展的具体现实。使用中间需求率、中间投入率、影响力系数、感应度系数等量化研究方法，研究京津冀生产性服务业与制造业细分行业间的相互影响、关联和作用状况，结果表明，京津冀生产性服务业与制造业的产业关联程度还不够充分，存在阻碍其协同发展的体制和机制影响，进而使用面板模型实证分析关键影响因素。

第六，以"路径"研究为落脚点，提出京津冀生产性服务业与制造业协同发展的路径模式选择。从优化产业空间布局，制定协同发展路线图；强化垂直关联，贯通产业链协作；以知识关联协同企业间活动，塑造协同创新等三个层面提出协同思路和方式，依据前期研究成果，提出具有针对性的产业协同发展对策。技术路线图如图 1 - 1 所示。

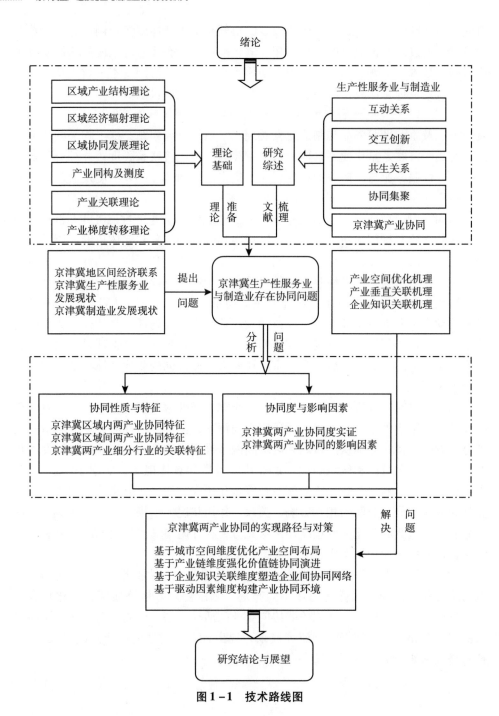

图 1-1　技术路线图

二、主要创新点

一是研究设计的创新。从微观和宏观、静态和动态两个角度四个维度,基于"一大板块、两大产业、三个地区、四个层面",对京津冀生产性服务业与制造业协同问题研究提出了系统化的研究设计。从两产业嵌入关系、产业价值链延伸、空间布局的协同演进、企业微观活动等四个方面,梳理了两产业协同发展的内在机理,并提出京津冀两产业的协同水平可以从优化空间布局、加强产业关联、增强企业间知识关联、塑造产业协同支撑体系等四条路径进行系统性提升。

二是研究方法的综合性使用。本书将传统的研究方法进行创新性综合使用,主要运用单位根、格兰杰因果关系、协整检验对两产业间的计量关系进行分析,通过建立向量误差修正模型对二者间的动态关系进行实证,得出两产业协同发展的非均衡特征。并提出区域内生产性服务业对制造业的作用强度与制造业对生产性服务业的作用强度是不一致的,区域间须采取错位发展,才能从非均衡走向均衡状态。

三是研究结论与对策的创新。本书使用耦合协调度模型,选取规模指标、成长指标和效益指标,对京津冀生产性服务业与制造业协同发展程度进行实证研究,得出天津两产业耦合协调度明显高于北京、河北,总体均处于中级协调水平,同时北京新兴生产性服务业与天津制造业的耦合协调度高于河北,并且在某些产业出现高级协调的水平等。从空间布局、产业链和价值链及企业知识关联三个层面创新性提出促进京津冀两产业协同的路径,从环境保护角度提出促进两产业协同的支撑体系等对策建议。

第二章

理论基础与研究综述

第一节 相关概念与研究对象界定

一、相关概念

(一) 生产性服务业

生产性服务业的内涵可以从投入属性、面向对象以及产出属性等方面来界定。国外学者 Greenfield[1] 认为生产性服务业就是向生产者提供人力资本和知识资本，而不是向最终消费者提供服务产品和劳动。我国学者钟韵和闫小培 (2005)[2]、赵弘 (2009)[3] 也在文章中赞同这个观点。Gruble 和 Walker (1989)[4] 进一步从全要素生产率的角度，认为生产性服务能够提高全要素生产率水平，主要通过提高资本投入和强化知识来促进制造业的专业化。Hansen (1990，1994)[5~6] 从产业链的角度将中间投入分为上游研发的活动和下游市场的活动。郑吉昌、夏晴 (2005)[7] 从面向对象的角度，认为生产性服务业是面向生产的各个阶段，作为其他产品或服务生产的中间投入的服务。本书将生产性服务业界定为市场化的非最终消费服务，即作为其他产品或服务生产的中间投入的服务，生产性服务业又称中间投入服务业，是介于生产和消费之间并从制造业中剥离演进而来的。

（二）制造业

制造业（manufacturing industry）是指经物理变化或化学变化后成为新的产品，不论是动力机械制造，还是手工制作；也不论产品是批发销售，还是零售，均视为制造。制造业直接体现了一个国家的生产力水平，是区别发展中国家和发达国家的重要因素。制造业在世界发达国家（developed countries）国民经济中占有重要份额。制造业包括产品制造、设计、原料采购、仓储运输、订单处理、批发经营、零售。制造业又分为传统制造业和先进制造业，先进制造业的内涵是指制造业不断地吸收电子信息、计算机、机械、材料以及现代管理技术等方面的高新技术成果，并将这些先进制造技术综合应用于制造业产品的研发设计、生产制造、在线检测、营销、服务和管理的全过程，实现优质、高效、低效、清洁、灵活生产，即实现信息化、自动化、智能化、柔性化、生态化生产，取得很好经济社会和市场效果的制造业的总称[8]。

（三）产业关联、集聚与辐射

1. 产业关联。它是指在经济活动中各产业之间存在的广泛的、复杂的和密切的技术经济联系。产业之间的联系可以在一个产业链的上下游间进行，也可以在不同产业链的环节中进行，通过技术、产品、服务的联结，形成投入产出的效应。根据产业部门间发生联系的方式，将产业关联分为前向关联和后向关联，前向关联是指某些产业因生产工序的前后，前一产业部门的产品为后一产业部门的生产要素，这样一直延续到最后一个产业的产品，即最终产品为止。后向关联是指后续产业部门为先行产业部门提供产品，作为先行产业部门的生产消耗。通过产业关联的方式在生产、产值、技术等方面发生变化，对其他产业部门产生直接和间接的影响，即产生了产业关联效应，可以分为前向关联效应和后向关联效应，产业关联效应直接促进了产业聚集现象。

2. 产业集聚。国内外学者波特（2003）[9]、胡珑瑛和蒋樟生（2007）[10]、梁琪和黄利春（2009）[11]、樊秀峰和康晓琴（2013）[12]分别对产业集聚的概念进行了界定。由于产业集聚涉及较多的学科、视角和领域，所以没有形成统一、确定的概念界定。本书认为产业集聚（industrial agglomeration）是指，企业在特定的地理空间集中的现象，这里的企业是指在某一产业领域生产或销售同类产品的企业。产业集聚既包含产业含义也具有空间含义，是产业活动在空间上的一种集聚。其产业含义是指从原材料到销售的产业链条中，相互关联的企业及上下游企业形成产业集聚。其空间含义是指在空间范围内，由于产业、机构和要素的非均衡而集中和汇聚。以上学者的观点总结如表2-1所示。

表2-1 相关学者对产业集聚概念的界定

作者	主要观点
波特（2003）	产业集聚是在特定的领域中，同时具有竞争和合作关系，且在地理上集中，有交互关联性的企业、专业化供应商、服务供应商、相关产业的厂商以及相关的机构
胡珑瑛和蒋樟生（2007）	产业集聚理解为各种企业开展网络协作活动的一个庞大、复杂的体系
梁琪和黄利春（2009）	产业集聚是指同一产业在某一特定地理区域高度集中，产业资本等要素在空间范围内不断汇聚的过程
樊秀峰和康晓琴（2013）	将产业活动在地理空间的集聚现象定义为产业集聚

资料来源：作者整理。

3. 辐射。辐射一词来源于物理学，厉以宁（2002）[13]第一次引用物理学里辐射的概念，分析经济发展中的辐射现象。张秀生、卫鹏鹏（2005）[14]把辐射作为区域经济学发展理论中的独立理论来阐述。辐射的经济学含义，是伴随经济发展和现代化进程，资本、人才、技术、市场信息等要素在经济发展水平存在差异的地区之间的流动和传播。这种流动和传播一般是从经济发展水平和现代化程度相对较高的地区辐射到相对较低的地区。通过现代化的思想观念、思维方式、生活习惯的传播，进一步提高经济资源的配置效率，最终达到区域经济的协调发展。

在区域经济学上，通常会用辐射力指标来衡量辐射的大小。辐射力就是辐射源对周边城市或地区的综合影响力和发展带动能力[15]。辐射源的产生首要通过聚集与辐射，使得城市中的点、线、面、城市群和周边的城市、腹地发生紧密的联系。当聚集产生的效应促进了经济迅速发展时，规模效应、市场效应进一步凸显，这时辐射源聚集了人才、资本、技术、信息等要素，一旦产生边际效用递减，辐射源就开始发挥扩散和辐射作用，技术、信息、资本就会向周边地区或城市进行转移，从而带动周边地区或城市的发展，最终达到整个区域协同发展的目的。

（四）产业梯度转移

区域经济梯度包括要素禀赋梯度、技术梯度、产业梯度等，它是一个整体性概念[16]。产业梯度在区域经济梯度中起决定性作用，它是区域经济梯度中最核心、最关键、最本质的体现。产业梯度主要表现为经济发展与产业结构水平的阶梯状差距，这种差距是由于生产要素禀赋、发展战略、产业基础的不同而形成的。

产业梯度转移由于发达与次发达、不发达国家和地区按照产业结构高低不同呈阶梯状排列，随着这种产业梯度差异和产业结构的不断升级，产业在国家间和地区间进行梯度转移[17]。产业梯度转移规律是转移方将相对落后或不再具有比较优势的产业可以转移到吸收方，成为吸收方相对先进或具有相对比较优势的产业，从而提高吸收方的产业结构层次与水平。通常转移方是吸收方在产业阶梯状的高层，这种产业转移对于双方都有利，是"双赢"的良性转移。

（五）一体化与协同发展

一体化是指多个原来相互独立的主权实体通过某种方式逐步在同一体系下彼此包容，相互合作。产业一体化的基本形式有纵向一体化和横向一体化。纵向一体化，即向产业链的上下游发展，其可分为向业务下游发展的前向一体化和向上游方向发展的后向一体化；横向一体化，即通过联合或合并获得同行竞争企业的所有权或控制权。产业一体化有利于提高经营效率，实现规模经济，提升控制力或获得某种程度的垄断。产业一体化发展的效应是实现产业间的协同发展。

协同发展是由协同和发展两个词相联系组成的，协同是系统之间的一种较好的关联，发展是系统的一种演化过程。将协同和发展组合在一起，实质上是两者的交集，是系统或系统内要素之间的和谐一致、配合得当、良性循环的基础上由低级到高级、由简单到复杂、由无序到有序的总体演化过程。协同发展不是单一的发展，而是一种多元的发展。在协同发展过程中，发展是系统运动的指向，而协同则是对这种指向行为的有益约束和规定。协同发展强调的是一个整体性、和谐性的发展过程[18]。

二、研究对象界定

（一）生产性服务业的细分产业界定

国外学者将生产性服务业一般分为金融业、保险业、不动产（即房地产业）、商务服务业。Marshall（1987）[19]、Hansen（1990）[20]、daniels（1993）[21]都认为生产性服务业包括信息加工服务、与商品有关的服务和人员支持服务三类。Coffey（2000）[22]认为生产性服务包括商务服务、金融保险和房地产。Geo 和 Shanahan（1990）[23]、Lundqnist（2008）[24]提出，除了金融、会计等商务服务外，不动产、研发和技术咨询也属于生产型服务业的范畴。我国学者认为生产性服务业包括金融保险业、房地产业、信息咨询服务业、计算机应用服务业、科学研究与综合技术服务业；如阎小培（1999）[25]、李江帆（2005）[26]、曹毅（2009）[27]、刘书瀚（2010）[28]、高觉民（2011）[29]等。

除了学术领域的研究外，美国、英国等一些国家或地区的政府部门也对生产性服务业的范围进行了界定。美国商务部提出，生产性服务业包括商业及专门技术、教育、金融、保险、电子传讯等领域；英国标准产业分类将货运、金融、保险、广告等七类产业归入生产性服务业。依据我国统计部门相关分类，本书将生产性服务业分为：a1（交通运输仓储及邮电通信业）；a2（信息传输、计算机服务和软件业）；a3（批发和零售业）；a4（住宿及餐饮业）；a5（金融业）；a6（房地产业）；a7（租赁和商务服务业）；a8（科学研究、技术服务和地质勘察业）等八大行业，选取以上八大行业作为生产性服务业指标体系。表 2－2 对部分分类观点进行了归纳。

表 2－2 　　　　　　　　　　生产性服务业的产业分类

产业范围	来源
（1）商业及专门技术；（2）教育；（3）金融；（4）保险；（5）电子传信等	美国商务部（BEA）
（1）商务服务；（2）金融服务；（3）房地产	Coffey（2000）
（1）广告；（2）商业银行；（3）会计；（4）不动产；（5）法律服务；（6）研发；（7）技术咨询	Geo 和 Shanahan（1990）
（1）保险业；（2）产业、信息咨询服务业；（3）计算机应用服务业；（4）研究与综合技术服务业	阎小培（1999）、李江帆（2005）等

资料来源：作者整理。

（二）制造业分类

制造业作为工业行业中最重要的组成部分，其中重工业和轻工业在行业间存在差别，本书将我国制造业分为重工业（14 个行业）和轻工业（13 个行业）两部分，其分类参见表 2－3。

表 2-3　　　　　　　　　　　　中国制造业 27 个行业

重工业名称	轻工业名称
Z1 石油加工及炼焦业	Q1 农副食品加工业
Z2 化学原料及化学制品制造业	Q2 食品制造业
Z3 医药制造业	Q3 饮料制造业
Z4 橡胶和塑料制品业	Q4 烟草制造业
Z5 非金属矿物制品业	Q5 纺织业
Z6 黑色金属冶炼及压延加工业	Q6 纺织、服装、鞋、帽制造业
Z7 有色金属冶炼及压延加工业	Q7 皮革、皮毛、羽绒及制品业
Z8 金属制品业	Q8 木材加工及木、竹、藤、棕、草制品业
Z9 通用设备制造业	Q9 家具制造业
Z10 专用设备制造业	Q10 造纸及纸制品业
Z11 交通运输设备制造业	Q11 印刷业和记录媒介复制业
Z12 电气机械及器材制造业	Q12 文教体育用品制造业
Z13 电子及通信设备制造业	Q13 化学纤维制造业
Z14 仪器仪表及文化办公用机械制造业	

资料来源：国家统计局《国民经济行业分类与代码（GB/T4754-2002）》。

参考联合国工业发展组织《工业发展报告 2002/2003》的分类方法，经济合作与发展组织（OECD）将制造业的技术密集程度分为四类，对于制造业的分类，将制造业 30 多个细分行业进行重新划分，即低技术产业、中低技术产业、中高技术产业及高技术产业。本书将中低和中高技术产业合并，把制造业分为低技术制造业、中技术制造业、高端技术制造业三个大类，见表 2-4。其中现代制造业行业小类名称及代码详见附录 A。

表 2-4　　　　　　　　　　　　制造业分类

低技术制造业	中技术制造业	高技术制造业
Q1 农副食品加工业	Q12 文教体育用品制造业	Z11 交通运输设备制造业
Q2 食品制造业	Q13 化学纤维制造业	Z12 电气机械及器材制造业
Q3 饮料制造业	Z1 石油加工及炼焦业	Z13 电子及通信设备制造业

低技术制造业	中技术制造业	高技术制造业
Q4 烟草制造业	Z2 化学原料及化学制品制造业	Z14 仪器仪表及文化办公用机械制造业
Q5 纺织业	Z3 医药制造业	
Q6 纺织、服装、鞋、帽制造业	Z4 橡胶和塑料制品业	
Q7 皮革、皮毛、羽绒及制品业	Z5 非金属矿物制品业	
Q8 木材加工及木、竹、藤、棕、草制品业	Z6 黑色金属冶炼及压延加工业	
Q9 家具制造业	Z7 有色金属冶炼及压延加工业	
Q10 造纸及纸制品业	Z8 金属制品业	
Q11 印刷业和记录媒介复制业	Z9 通用设备制造业	
	Z10 专用设备制造业	

资料来源：作者整理。

第二节 相关理论基础

一、区域产业结构理论

区域产业结构的研究首先要将区域产业按照一定的标准划分，划分方法也有许多种，如霍夫曼划分法、克拉克三次产业分类法、库兹涅茨划分法等。依据各个产业在区域产业系统中的地位、作用和功能，可将区域全部产业划分为主导产业、关联产业和基础产业[30]。经济发展既包括产业结构演进，也包括空间经济扩张[31]。区域产业结构演变规律，促进区域产业结构的顺利转化。下面重点介绍区域产业结构演变与优化理论和区域主导产业理论。

（一）区域产业结构演变与优化理论

产业结构优化包括产业结构高度化[32]和产业结构合理化[33]。产业结构高度化是低级向高级转化的动态过程，也是产业结构升级的过程。产业机构高度化从产业演进的方向来看，沿着产业优势地位顺向前进；从要素占比地位来看，沿着劳动密集型、资本密集型、技术知识密集型产业方向推进；从产品附加值来看，沿着低附加价值产业向高附加价值产业方向推进；从加工程度来看，沿着低加工度产业占优势地位向高加工度产业占优势地位方向推进。

产业结构合理化，是指产业与产业间的协调以及在规模、水平、联系程度的均衡。因此，协调是产业结构合理化的中心内容，产业协调主要是产业素质之间协调、产业之间的联系方式协调、各产业之间的相对地位协调，以及供给与需求相适应。如果产业之间存在技术水平的断层，则产业间表现为不协调；如果各产业部门的投入产出相互促进，这种联系方式是协调的。如果各个产业的发展与增长没有与经济作用相联系，产业间地位没有主次之分，则是不协调的。如果供给与需求的变动不同步，造成供需不均衡，则说明产业间的结构是不协调的。

（二）区域主导产业理论

区域主导产业是产业结构优化的核心，只有合理地确定地区主导产业的发展规模和速度，以及协调好主导产业与其他非主导产业的关系，才能提高产业间的关联度，进而提高区域内外经济的协调性。区域主导产业理论是有一个或几个产业在整个地区产业系统中处于支配地位，在区域经济发展过程中，处于支配地位的产业构成地区的主导产业和主导产业群。在主导产业选择理论中，比较有代表性的是罗斯托的主导部门理论[34]、赫希曼的不平衡增长理论[35]和筱原三代平的两基准理论[36]。

选择主导产业时以要素密集度为基准，也就是说产业发展的重点应看资源禀赋条件，可分为资本密集型产业和劳动密集型产业。罗斯托认为，主导部门不断更替的过程，也就是带动经济增长的过程，不仅能带动自身的增长，还能通过回顾、前瞻、旁侧三种影响带动其他部门的增长。产业关联度是指各产业在投入产出上的相关程度[37]。产业关联度高的产业作为主导产业，其产生的后向关联、前向关联、旁侧关联也比较强，从而可以促进整个产业的发展。赫希曼认为后向关联比前向关联更重要，强调后向效应在后进国家中的作用。他认为前向关联是伴随着"需求压力"所造成的后向关联而发生，前向关联不是一种独立的诱发机制，它是加强后向关联的重要因素之一。所以作为其他部门投入而并非直接最终需求，中间的或基本行业的产品，较"最终"行业应优先选择。

二、区域经济协同发展理论

区域经济协同论是区域经济学家用协同学理论分析区域经济发展，并有其自身的内涵。区域经济协同发展，是一种区域整体功能大于单个经济主体功能的一体化运作方式；单个经济主体通过对资源和要素进行有效整合，使得区域各经济主体达到协同和共生。在区域经济协同发展过程中，商品和生产要素自由流动形成无壁垒的统一大市场，区域内的各经济主体具有统一的目标和运行机制，按照平等、开放的原则，加强内部主体和外部区域的联系和互动。区域协同系统的健康运行，需遵循整体性、联系性、有序性、动态性、调控性、最优化等六大原理。一体化运作和协调发展是区域经济协同发展的重点。

区域经济协同发展问题首先是区域经济合作的相关问题，国外学者 Gunter (1986)[38]、Giok – Ling (1995)[39]、Mark (2010)[40]等论述了区域经济合作与经济增长的关系。针对区域经济协同发展的动力机制，国外学者 Michael 等 (1997)[41]、国内学者冷志明 (2007)[42]、李琳、刘莹 (2014)[43]、邱少明 (2011)[44]、刘英基 (2007)[45]等进行了阐述。国外学者 Loizouetc (2000)[46]、John Foster (2005)[47]探讨了区域经济协同发展中的基本问题。刘英基 (2007)认为中国区域经济协同发展的关键在于有效的合作机制和有效的市场体系。关于区域经济协同与产业的联动发展，国外学者 Ramphul (2013)[48]分析了不同区域间的产业内在差异性。卢启程 (2010)[49]认为云南省都市农业与生态城市具有共同效果、互补效果和同步效果的协同关系。贺玉德、马祖军 (2014)[50]基于协同学自组织角度，分析了四川省产业转移下区域物流与区域经济协同度的关系。Sakashita (1995)[51]和 Sharma (2003)[52]认为城市成长是区域协同发展的重要因素。国内学者陈迪 (2006)[53]阐述了区域协同视角对城市成长的内涵、动因。高玲玲 (2015)[54]建立反映中心城市和区域经济协同度的指标体系。苗长虹、张建伟 (2012)[55]指出城市间的协同合作有助于提升大区域的经济效率。

三、产业同构内涵及测度理论

(一) 产业同构的内涵

产业同构又称产业结构趋同，是指邻近地区间的产业结构构成比例相似，特别是主导产业、优势产业雷同，缺乏错位化、差异化发展格局。产业结构趋同大多指的是地区间的工业结构趋同，即地区间工业的行业门类、数量比例、空间分布、产业比重趋于一致，而非地区间三次产业结构趋同。研究产业同构问题就是研究地区间产业分工是否合理，区域存在产业同构也就意味着区域产业分工和专业化弱化，从而导致资源配置效率的损失。

（二）产业同构的简单分类

产业同构可分为合意的产业同构和非合意的产业同构，目前，通常所指的产业同构主要是非合意的产业同构，而合意的产业同构容易被忽视。合意的产业同构，是指在市场机制正常发挥资源配置作用的基础上，由于区域间市场需求结构、要素条件的相似性及产业资本的自由进入而最终形成的区域产业结构趋同，是正常范围的趋同，即合意性趋同（李燕华、王俊杰、党辉，2008），它的产生并非是坏事，对区域经济发展的正面影响往往要大于负面影响。非合意的产业同构，指在资源配置中政府发挥主导作用的基础上，地方政府基于地区利益或者政绩意识，脱离当地经济发展与建设的条件和特点，背离区域经济分工的客观要求，片面追求地区产业结构体系的独立性、完整性，使用财政资金或者通过其直接、间接控制的国有企业，进行不负长期责任或最终责任的投资活动而造成的产业结构趋同。

（三）产业同构的测度方法

目前，测量产业同构最常用的方法主要包括结构相似系数法、结构差异度指数法和区位熵法。

1. 结构相似系数法

1979 年，联合国工业发展组织（UNIDO）国际工业研究中心提出了结构相似系数，用该系数测定了各国的产业结构相似度，以此来衡量产业的同构程度。

$$S_{ij} = \sum_{k=1}^{n} (X_{ik} X_{jk}) \bigg/ \sqrt{\left(\sum_{k=1}^{n} X_{ik}^2 \right) \left(\sum_{k=1}^{n} X_{jk}^2 \right)} \tag{2.1}$$

其中，S_{ij}为 i 区域和 j 区域的结构相似系数；i 和 j 是相比较的两个区域；X_{ik}和 X_{jk}分别是 i 区域和 j 区域内 k 产业占各自整个产业的比重。S_{ij}的值在 0 和 1 之间，越接近 0 说明两个区域的产业同构程度越低，越接近 1 说明两个区域的产业同构程度越高。X_{ik}和 X_{jk}选用的数据可以包括 k 产业总产值的比重、增加值的比重或者 k 产业从业人员占整个行业的比重。结构相似系数法的使用相对简单，而且应用起来较为方便，但是，使用这种方法却难以跟上当今行业分工日益细化和产品差别化的趋势，容易夸大产业同构问题。

2. 结构差异度指数法

结构差异度指数和结构相似系数的计算方式虽不一致，但其内涵基本为一种负相关关系：结构相似系数越高、结构差异度指数越低的地区，产业同构程度越强；结构相似系数越低、结构差异度指数越高的地区，产业同构程度越弱。

$$D_{ij} = 1/2 \sum_{k=1}^{n} |X_{ik} - X_{jk}| \qquad (2.2)$$

其中，D_{ij} 为 i 区域和 j 区域的结构差异度指数；i、j、X_{ik} 和 X_{jk} 的定义与结构相似系数一致。D_{ij} 的值在 0 和 1 之间，越接近 0 说明两个区域的产业结构差异度越低（同构度越高），越接近 1 说明差异度越高（同构度越低）。

3. 区位熵法

区位熵即产业的地区专业化指数，用于衡量某一区域要素的空间分布情况，反映某一产业部门的专业化程度，以及某一区域在高层次区域的地位和作用等。

$$E_{ij} = \frac{q_{ij}/q_j}{q_i/q} \qquad (2.3)$$

其中，q_{ij} 表示 j 地区的 i 产业的产值或者就业人数；q_j 表示 j 地区的全部产业总产值或者就业人数；q_i 表示 i 产业的全国总产值或者就业人数；q 表示全国所有产业总产值或者就业人数。$E_{ij} > 1$，表示 j 地区的 i 产业部门的集中程度大于全国的平均水平；E_{ij} 值越大，表示该区域该产业部门的集中程度越高，该产业在全国的专业化程度就越高。

四、产业关联相关理论

产业关联是指产业间以各种投入品和产出品为纽带的技术经济联系。产业关联的实质是产业之间供给与需求的关系。产业关联的方式有五种：产品、劳务联系、生产技术联系、价格联系、劳动就业联系、投资联系。①产品、劳务联系：在社会再生产过程中，一些产业部门为另一些产业部门提供产品或劳务，或者产业部门之间相互提供产品或劳务。这是产业之间最基本的劳务和联系，因为后面的生产技术联系、价格联系、劳动就业联系都是由它延伸出来的。②生产技术联系作为产业之间联系的重要依托，生产技术的变化不仅仅直接影响产业之间的产品和劳务供求比例，而且还会使某一产业在生产过程中与其存在劳务联系的产业发生变换或者说依存度发生变化。③价格联系：实质是产业间产品和劳务联系的价值量的货币表现，产业间产品与劳务的投入与产出联系，必然表现为以货币为媒介的等价交换关系，即价格联系。④劳动就业联系：某一产业的发展可以增加就业，它的发展可以带动另外产业的发展，增加就业，通过这样的产业间的劳动就业联系使得产业间的发展能够相互衔接，比如汽车工业的发展可以促进高速公路业的发展，高速公路业的发展就会带动修路、相应的建材行业的发展，带动就业的增加。⑤投资联系：如某些产业的发展需要增加投资，提高其产品和服务的技术含量，扩充其现有生产能力，这些产业生产能力的改变，会使与之相关联的产业同时增大投资。某一产业增加投资其生产规模随之扩大、产品产出随之增加，因此作为它的原材料供应的产业也会扩大规模，增加需求。为了吸纳这些产出的产品，与之相关联的产业势必要增加投资，扩大规模来获得更大的发展，通过这样的投资联系也反映了产业之间的技术经济联系。

产业间联系方式的类型分为单向联系、多向联系；顺向联系、逆向联系；直接联系、间接联系。单项联系：先行产业部门为后续产业部门提供中间产品和服务，供其生产时直接消耗，而后续产业部门的产品不再返回先行产业部门的产业联系方式。多向联系：先行产业部门对后续产业部门提供的产品，作为后续产业部门的生产性直接消耗，同时后续产业部门的产品又返回先行产业部门的生产过程。顺向联系：某些产业因生产工序的前后，前一产业部门的产品为后一产业部门的生产要素，这样一直延续到最后一个产业的产品，即最终产品为止。逆向联系：后续产业部门为先行产业部门提供产品，作为先行产业部门的消耗。直接联系：两个产业部门之间存在着直接的提供产品，提供技术的联系。即某一产业为另一产业直接提供原材料，提供技术服务。间接联系：两个产业部门之间不发生直接的生产技术联系，而是通过其他一些产业部门中介才有联系。

五、产业梯度转移理论

梯度转移理论最初来自20世纪60年代美国弗农"产品生命周期说"，之后汤普森（1966）[56]提出了"区域生命周期理论"，日本经济学家小岛清（1978）提出"边际产业扩展论"，阿瑟·刘易斯（1984）[57]对劳动密集型产业的区域转移现象进行了探讨。日本经济学家赤松要提出雁行模式，他运用该理论说明日本的工业成长模式。他认为，日本的产业通常经历了"进口—当地生产—开拓出口—出口增长"四个阶段，并且呈周期循环。基于比较成本理论，日本经济学家小岛清指出将本国已经处于或即将处于比较劣势的产业依次转移到国外，成为当地具有潜在优势的产业，对双方都是一种福利最大化的选择。这就是经济学界通常所讲的"小岛理论"。此外，还有劳尔·普雷维什的中心—外围理论以及点轴理论等。

梯度转移理论就是随着时间的推移和产品生命周期的变化，处于高梯度地区的创新活动、产业按照顺序逐步由高梯度向低梯度地区转移。高梯度地区的形成主要是主导产业部门在工业生命循环中处于较高的阶段，进而开展新产品、新技术、新的管理方法等创新活动。产业梯度转移根据主体性质，可划分为扩张型和撤退型。扩张型转移是主动实施的，其目的是将成长型产业扩大产业规模，占领外部市场。撤退型转移是被迫实施的，其目的是将衰退产业进行优势再生。产业梯度转移根据规模不同，分为整体转移和部分转移。产业梯度转移根据承接地和转出地的发展水平差异，分为垂直转移和水平转移，垂直转移又可分为顺梯度转移和反梯度转移。产业梯度转移根据地理位置，分为国际转移、区际转移和城乡转移[58]。

我国学者研究产业梯度转移理论比较晚，主要集中在产业梯度转移理论应用、与产业结构调整的关系、与区域经济协调发展的关系以及实证研究等。戴宏伟（2003）[59]对京津冀产业转移进行研究，他将产业转移的基础归纳为"产业梯度"的存在。陈永国（2004）[60]构造了产业梯度系数，并对北京、天津和河北工业行业进行了测算。陈蕊（2007）[61]用改进产业梯度系数，对全国31个省市的工业梯度值进行了测算。杨桃珍（2005）[62]系统分析了国际产业转移的规律，提出国际产业转移对我国产业结构优化以及经济梯度格局的形成起到了一定作用。庞娟（2000）[63]提出产业转移的实质是高新技术扩散和产业结构升级的过程。郑小娟（2007）[64]依据成本—收益原理构建了产业梯度转移模型。李奔奔（2008）[65]详细分析了我国纺织产业转移滞缓的原因，并提出促进纺织产业东西部梯度转移的对策建议。

第三节　研究综述

一、生产性服务业与制造业的互动关系

随着社会生产分工的深化，生产性服务部门越来越多地"嵌入"制造业的生产环节中，制造业效率提升、转型发展以及升级改造少不了生产性服务业的支撑与促进，因此，生产性服务业与制造业相互作用及彼此依赖关系在互动发展中表

现出来。生产性服务业与制造业互动关系研究既有理论方面又有实证方面。理论方面的研究是以古典经济学的分工理论、新制度经济学的交易成本理论、社会网络理论为基础，后来又从价值链理论、共生理论探讨二者的互动关系。实证方面主要从定量的角度测度二者产业的关联度以及投入产出分析等。

（一）互动需求视角

生产性服务业与制造业关系研究成为经济学家们关注的焦点话题，国内外学者在研究生产性服务业和制造业关系方面，提出了相对成熟的理论观点，如："需求遵从论""供给主导论""互动融合论"。支持"需求遵从论"观点的学者有 Cohen 和 Zysman（1987）[66]、Guerrieri 和 Meliciani（2003）[67]、Bouratier（2014）[68]、Lee 等（2016）[69]、张世贤（2000）[70]、江小娟和李辉（2004）[71]等，他们认为生产性服务业的发展是制造业服务功能的外部化，生产性服务业的发展是对制造业的一种需求遵从和附属。支持"供给主导论"观点的学者有 Markusen（1997）[72]、Gmbel 和 Walker（1998）[73]、Eswarran 和 Kotwal（2001）[74]、Francois 和 Woerz（2007）[75]等，他们认为生产性服务业是制造业生产率得以提高的前提和基础。伴随着信息技术的发展，生产性服务业与制造业之间出现相互依赖的关系，这种相互以来的关系如图 2 - 1 所示。支持"互动融合论"观点的学者有 Goldhar 和 Berg（2010）[76]、吕政（2006）[77]、江静（2007）[78]、李江帆（2008）[79]等。

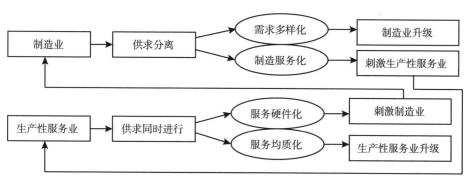

图 2 - 1　生产性服务业与制造业互动发展

（二）分工与价值链视角

Markusen（1989）[80] 和 Francois（1990）[81] 认为生产专业化和分工细化，决定了生产性服务业和制造业的互动关系。Porter（1998）[82]、Mukim（2015）[83] 从

社会分工角度解释了生产性服务从制造企业中剥离出来的原因，作为独立的产业部门，二者又存在互动的机理。国外学者 Gracht 和 Darkow（2010）[84]、Ramasamy 和 Yeung（2010）[85]、Subramanian 等人（2013）[86]、Beveren（2012）[87]、Vogel（2010）[88]、Marshall（2012）[89]、Lundquistetc（2008）[90]、Helsley 等人（2014）[91]、Marrocu（2013）[92]、Gabe（2016）[93]分别从产业价值链的不同角度对生产性服务业和制造业的互动关系进行了实证研究。

国内学者陈宪（2004）[94]认为分工越细，交易费用越高，就越需要中介组织、生产性服务业不断促进社会分工，促使制造业的交易成本降低。顾乃华（2006）[95]、程大中等（2005）[96]分别从社会分工的角度分析了生产性服务业促进制造业分工深化的原因与机理。高传胜（2008）[97]指出制造业生产效率的提高和竞争力的提升，是通过生产性服务业分工的深化来不断促进的。Porter（1998）[98]从价值链角度探讨二者互动机理，他认为产业价值链大致包括上游供应商、中游制造商、下游分销商、消费者，其价值链的基本活动流程如图 2 - 2 所示。高峰（2007）[99]认为应把制造业生产过程的生产性服务环节占有资源释放出来交由专业化的生产性服务企业完成。价值链的链接是产生共生关系的内因，内因是成本降低价值增值，生产性服务业与制造业之间正是建立了这种对双方获益的互利关系，就形成了共生关系。唐强荣、徐学军（2007）[100]运用交易成本理论探讨了基于共生介质和共生界面的共生组织模式和交易类型。

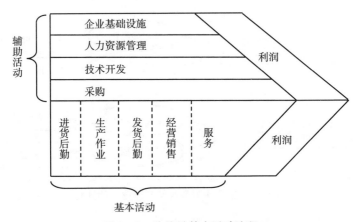

图 2 - 2　价值链基本活动流程

（三）产业关联视角

在实证研究方面，国外学者 Guerrieri 和 Meliciani（2005）[101]、Brinkman

（2016）[102]、Ramasamy（2010）[103]、Hammond 等人（2011）[104]、Cainelli 等人（2016）[105]、Fazio（2015）[106]、Alexander 等人（2013）[107]、Neffke 等人（2011）[108]、Cerina 等人（2014）[109]、Combes（2012）[110]、Kondo（2013）[111]运用投入产出表，指出二者产业关联越来越紧密。邱灵、申玉铭和任旺兵（2008）[112]、冯泰文（2009）[113]、顾乃华（2011）[114]将交易成本、地理距离作为中介变量，运用计量模型研究二者之间的关系。刘书瀚等（2010）[115]运用面板数据对上海制造业 27 个细分行业做实证分析，探讨生产性服务业内部产业如何作用于制造业竞争的提升；曹毅等（2009）[116]运用投入产出表，通过静态分析和动态比较，对天津市二者的产业关联进行分析，认为生产性服务与制造业形成较好的产业关联，但是尚不能支撑制造业的升级转型。高觉民、李晓慧（2011）[117]从产业关联角度构建了二者协同互动模型，得出生产性服务业内部各部门与制造业呈现产业关联特征。张晓涛、李芳芳（2012）[118]采用向量自回归模型（MS‐VAR）对我国生产性服务业与制造业相互关系进行实证分析，结果表明我国生产性服务业对制造业的影响要大于制造业对生产性服务业的影响。李同正、孙林岩、冯泰文（2013）[119]运用分层线性模型研究了中国制造业与生产性服务业之间关系的地区差异，结果表明二者关系的地区差异很大，而且差异主要来源于各地区经济发展水平的不同。陈光、张超（2014）[120]运用 2004～2011 年全国面板数据，对生产性服务业影响整体制造业及不同要素密集型制造业的效率进行了实证研究。王成东（2015）[121]基于效率视角，构建以 SFA 和 C‐D 生产函数为基础的产业融合驱动因素驱动强度测度模型。对中国内地 30 个区域的相关数据进行实证研究，定量测度两大产业融合动因驱动强度及不同区域融合动因驱动效率，揭示产业融合动因驱动规律。唐晓华和张欣钰（2016）[122]运用灰色网格关联度模型测算中国 2003～2013 年制造业不同子行业与生产性服务业的关联程度。实证结果表明生产性服务业与制造业在时间演化趋势上总体呈现 M 型的波动形态，两者的关联度存在阶段性变化，整体关联度不高，各细分子行业间内部关联发展存在差异性。陈良文和杨开忠（2008）[123]、唐杰和孟亚强（2008）[124]、袁志刚和饶璨（2014）[125]、刘奕、夏杰长和李垚（2017）[126]等学者也对二者之间的关系进行了实证研究。

二、生产性服务业与制造业的协同集聚

从前面文献综述的部分来看，大多数学者主要从产业层面探讨二者的互动机制，随着新经济地理学理论的发展和完善，越来越多的学者从空间的层面研究，认

为二者在空间上存在共同集聚与协同定位关系。国外学者 Raff 和 Ruhr (2001)[127]、Zhao 和 Zhang (2012)[128]、Qi 和 Liu (2015)[129]、Andersson (2004)[130] 主要是从空间布局和地理位置的角度，说明二者存在协同效应。陈建军和陈菁菁 (2011)[131] 通过建立联立方程组，对浙江省 69 个城市和地区的生产性服务业与制造业实证研究，结果表明二者区位存在相互影响。王硕 (2013)[132] 运用面板数据验证了长三角地区 27 个地级以上城市两个产业在空间分布上存在着协同定位效应，进一步提出了不同规模城市的产业发展顺序。江曼琦和席强敏 (2014)[133] 认为信息、商务、科技类生产性服务业与技术密集型制造业呈高度相关关系。吉亚辉和段荣荣 (2014)[134] 认为生产性服务业的集聚能够促进制造业的集聚，同时制造业的集聚也能促进生产性服务业的集聚，并且两者具有空间关联效应。陈赤平和刘佳洁 (2016)[135] 认为在工业化的不同阶段，生产性服务业与制造业的空间分布关系有所不同。程中华 (2016)[136] 运用空间关联分析和空间联立方程研究了城市制造业与生产性服务业之间的空间关联与协同定位，结果表明二者在空间分布存在着协同定位效应，并且成本因素影响生产性服务业与制造业的空间分布，城镇化率影响生产性服务业与制造业的协同定位效应。矫萍和林秀梅 (2016)[137] 认为制造业集聚为生产性服务业创造了更多的需求，生产性服务业和制造业存在着协同定位和集聚的特征。胡翠和谢世清 (2014)[138]、陆剑宝 (2014)[139]、杨汝 (2015)[140]、刘叶和刘伯凡 (2016)[141] 等学者从不同角度分析了二者之间的协同效应。综合以上文献的梳理，归纳出生产性服务业与制造业集聚的协同效应影响因素，如图 2-3 所示。

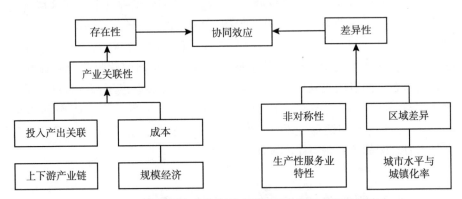

图 2-3　生产性服务业与制造业集聚的协同效应影响因素

三、知识密集型服务业与制造业的交互创新

生产性服务业中 KIBS（知识密集型服务业）是创新的桥梁，国外学者将其与制造业的知识流动产生交互创新，进而达到互动来进行研究。Aslesen 等（2007）[142]、Muller 等（2009）[143]、Hauknes 等（2009）[144]认为高技术制造业与其他产业的集群中，高技术服务业起着桥梁的角色，对制造业的创新起到了催化作用。国内学者朱海燕等（2008）[145]从产业层面指出 KIBS 与制造业的互动创新机制。吕民乐等（2015）[146]从专业化效应、知识转移效应和创新嵌入效应三个方面探讨了知识密集型服务业对制造业创新机理。在价值链延伸的层面，张晓欣（2010）[147]认为知识密集型服务业具有高知识度、高技术度、高创新度"三高"的特点，有利于提升制造业的知识技术含量和深化制造业分工。在企业层面，Miles（1995）[148]认为企业与客户之间相互学习与相互影响的过程，促进了服务业的成长与创新，同时认为与制造业企业之间互动程度的差异，导致了创新行为的不同。闻乃狄等（2016）[149]提出知识密集型服务业与装备制造业互动的三个阶段：初步互动阶段、深度合作阶段和全面融合阶段，并从企业竞争力提升的角度探讨了二者互动融合的影响因素。

四、生产性服务业与制造业的共生关系

近几年，一些学者从共生的角度研究生产性服务业与制造业之间的关系。生产性服务业与制造业作为两个共生单元，其共生关系表现在一定的共生环境中，按照某种共生模式所形成的关系。庞博慧（2010）[150]认为对称性互惠共生是生产性服务业与制造业共生行为关系的演化趋势。唐强荣（2009）[151]认为资源、技术和制度等环境因素制约两个种群数量，并构建了二者共生发展模型，对中国产业的数据进行实证研究。唐强荣（2009）从紧密工作和共生绩效两个维度，阐述生产性服务业与制造业的内生关系，并从企业层面验证二者之间的共生效应。胡晓鹏（2009）[152]从产业共生的视角，提出融合性、互动性、协调性是产业共生的三个基本特征；并运用投入产出表对苏浙沪三地融合性、互动性、协调性进行比较，通过动态比较，揭示了三地产业共生的基本特征。孙久文（2010）[153]认为长三角地区种群共生作用是不对称的，其不对称性主要表现在二者相互作用的共生强度不同。苗林栋（2014）[154]引用投入产出表，对长三角地区、珠三角

地区、环渤海地区三大增长极的生产性服务业与制造业的共生关系进行了比较。

五、京津冀产业协同发展

对京津冀一体化、协同发展问题研究的国外学者较少，国内学者主要从协同的动力机制、产业合作、角色定位、协同发展策略等角度研究京津冀协同发展问题，但由于文献较少，本书主要从产业协同发展的角度进行梳理。

（一）产业协同发展策略

河北与京津存在差距的主要原因是政策落差大，因此，应该把拉平京津冀的政策差距作为协同发展的重要目标。杨崇勇（2015）[155]认为推进京津冀协同发展的关键是政策一体化。曹海军（2015）[156]提出制度创新体系：在中央层面成立高级别综合性区域发展议事协调机构、构建有利于政府间协作的区域治理平台、推动城市群区域内部整合，建立事权统一的区域规划体系、形成有利于城市群协调发展的行政区划调整与兼并方案。刘雪芹和张贵（2015）[157]提出京津冀产业发展专项规划、搭建跨区域产业协同创新平台、编制产业协同创新路线图及重点行动计划等逐步推进产业协同创新。

（二）产业协同发展中的产业转移与产业合作

区域的产业分工有三种不同的分工形式：区域内相同部门间的专业化分工、不同产业部门间的分工、产业链不同环节的分工。区域间各利益主体进行产业分工，会进一步加强生产要素合理流动，从而使区域整体利益得到显著的提升。全诗凡（2013）[158]通过分析京津冀地区间专业化指数及京津冀三地的工业产值比重等数据，研究京津冀地区产业分工与转移情况。张贵等（2014）[159]认为京津和津冀间优势产业的重合度较高，存在严重的产业趋同，转移产业以传统制造业为主，转移企业多为资源消耗型，转移主要集中在较近的城乡边缘区，且已进入由梯度转移为主向转变城市功能为主以及产业创新产业分工和产业转移并行的新阶段。马俊炯（2015）[160]认为三地产业发展处于不同梯度，存在一定互补性，并利用潜力模型计算得出北京、天津和河北省11个地级市的潜力值，并将区域划分为协作区和支撑区。李然和马萌（2016）[161]对比分析了京津冀三地工业产业梯度，认为北京应发展高新技术产业和生产性服务业，天津应发展石油能源和设备制造业，而河北则应发展现代工业和现代农业。

（三）京津冀生产性服务业与制造业协同发展

服务业尤其是生产性服务业在京津冀地区的合理空间布局，对于推进京津冀地区产业协同与空间一体化发展具有重要意义。京津冀服务业协同发展可以有效推动京津冀协同发展。张旺和申玉铭（2012）[162]分析了京津冀都市圈生产性服务业空间集聚特征。王兴鹏（2014）[163]利用产业区位熵，对京津冀地区生产性服务业各行业的专门化率进行了分析和测度。席强敏和孙瑜康（2016）[164]对比了生产性服务业空间分布特征与问题，得出生产性服务业高度集中在北京，而河北大部分地区缺乏区域性生产性服务中心的带动。李剑玲和李京文（2016）[165]构建了生态视角的"三维一体"和"五位一体"模式，并提出要加强产业关联生态化，优化产业生态空间布局，实现产业结构优化升级和区域转型发展，推动京津冀生产性服务业快速发展，提升京津冀区域整体竞争力，有效促进京津冀区域协同发展。杜君君、刘甜甜和谢光亚（2015）[166]利用投入产出法对京津冀生产性服务业与制造业的嵌入关系进行实证分析，提出基于城市空间维度及产业价值链维度的京津冀生产性服务业与制造业协同发展的路径选择。

第四节　文献述评

从以上综述来看，关于二者之间的关系主要是以产业经济学、区域经济学、新经济地理学、贸易经济学为理论依据，研究方法主要运用投入产出法、灰色关联法、协整分析、面板模型、空间计量等方法，已有研究成果从宏观层面对二者之间的关系得到了很好的解释。但是从中观层面对生产性服务业细分行业与制造业的互动机理很难找到很好的理论剖析；针对微观层面，缺乏结合实地调研企业的实证研究。从目前的"供给侧改革""京津冀协同发展""中国制造2025"宏观经济背景下，研究生产性服务业与制造业在产业、空间的关系具有现实意义，并对今后的研究做进一步的展望。

第一，空间视角下生产性服务业与制造业跨地区产业协同发展问题。从目前的研究现状来看，在区位选择与协同定位问题，主要集中在某一地区，两个部门之间协同的原因和机理；实证研究也是以单一地区数据建立模型，验证二者协同关系居多。但是针对跨地区两个产业以及细分产业之间协同问题是个盲点，因此，探究跨地区生产性服务业与制造业的协同定位过程及协调效果将是我们研究的方向。

第二，创新视角下生产性服务业与制造业企业信息化、网络化问题。生产性服务业与制造业的互动融合外在表现形式是生产性服务外部化和制造业服务化。生产性服务外部化的理论基础、发生机制以及协调效果已经在已有文献讲述；但是制造业服务化关键是分析企业如何从本地网络获取资源，社会网络的存在，成为制造企业实现服务化、创新化的途径和媒介。因此，制造业和生产性服务业两种企业在信息化、网络化吸取资源，探究制造业服务化实现路径将是我们研究的方向。

第三，京津冀协同发展问题，多集中在产业协同过程中的产业转移与产业承接的定性描述，以及产业协同路径的概念性推导，而对生产性服务业与制造业各细分领域的协同问题，多数学者仅仅将京津冀作为一个整体区域来研究二者嵌入关系。本书认为京津冀生产性服务业与制造业协同发展问题，首先要研究区域内耦合程度，找出区域间耦合的差异性，进而研究区域间协同发展。

第三章

生产性服务业与制造业协同发展机理

有关京津冀生产性服务业与制造业关系研究，已经形成区域产业结构理论、区域经济辐射力理论、区域经济协同发展理论、产业关联理论及产业梯度转移等理论，从互动关系、协同集聚、交互创新以及共生关系等角度进行了大量研究。但是，针对京津冀两大产业关系的研究并没有形成系统、有支撑力的理论基础。本章将对生产性服务业与制造业协同集聚发展与空间结构优化进行整体性分析，试图提炼出基于空间、产业及企业活动三个维度促进二者协同发展的机理。

第一节　生产性服务业与制造业的协同条件

一、相关产业具有地理邻近性

实践经验表明，产业间协同发展以及企业间的业务往来都需要在一定空间内进行，地理上相邻越近，业务往来越多，企业以及产业间的关联越密切。因此，企业间产业关联促进了产业在空间上尽可能邻近，这种自然的选择过程促进了产业空间协同集聚的发生。以制造业为主导的产业集聚形成过程中，制造业中的某些企业由于种种原因率先在某一地理范围内发展，围绕制造业的中间品产业会考虑成本、运输、沟通等问题，尽可能靠近制造业进行集聚，这样从地理角度为彼此协同带来最大的方便性，实现自身的发展。如果相关产业不考虑地理邻近性，即使产业间产业链条的上下游联动关系，外部规模效应也难以发挥。企业在地理上集中经营比分散化经营更有利于该企业在该地区集聚生产要素和消费者，从而扩大其生产规模，降低其生产成本，形成企业的积累性增长（Ethier，1991）[167]。在产业集中区域形成总产出的积累性增长，受产业和地区中企业的经济活动和技术进步的影响，这两个方面又同时受地理邻近性制约，其原因有三个方面：（1）外部经济实现往往受技术水平影响，技术水平发挥受制于地理距离，其影响随着距离的增加而衰减，技术外部溢出效应在距离近的情况下更容易发生；（2）如果制造业与中间投入品产业处于地理邻近的状态，可以使两个产业都享受到地方性大市场的优越性，减少其寻找供应商和客户的时间和成本，并提高交易匹配效率，降低交易成本；（3）从成本角度看，制造业与中间投入品产业地理邻近能有效降低运输和贸易成本，甚至于沟通成本，降低相应的风险。

二、成本的持续降低

各种成本的持续降低必然促进产业在空间上的集聚，产业空间集聚通过规模经济和外部性效应，进一步降低成本。制造业出于持续降低成本的考虑会进一步向生产性服务业靠近和聚集，以实现"互补性"的空间协同效应。生产性服务业为了提升服务效率，增加服务成效，促进制造业向城市中心集聚，进而形成"挤出性"空间协同集聚（陈建军，2011）[168]。协同产业标志性的现象是成本的降低，除显性发生的运输和时间成本以外，还有看不到的成本，如选择贸易对象、谈判、签约、监督等一系列隐性成本，这部分成本降低也是促进制造业与生产性服务业空间集聚的重要因素。例如在基于垂直联系的集聚模型中，制造业产品区域间贸易会产生一定的运输和贸易成本，在降低运输和贸易成本过程中，规模经济使得生产活动趋于地理集中。

从微观的交易成本角度来看，标准化和日常性服务业对成本不断降低要求比较高；而具有信息和知识密集型特点的高端新兴生产性服务业，对价格因素不很敏感，成本因素重要性下降，通过贴近市场需求，及时对市场需求进行反馈更为重视（李清娟，2007）[169]。因此，制造业企业为获得成本优势来赢得市场，对于标准化或日常性的服务性活动，需要对各种生产要素作出"买"或"卖"的决定，即在自己内部生产或是在外部市场采购，要使制造业企业的成本结构、制造方式、组织结构及区位选择更为优化（吕政等，2006）[170]。制造业通过产业合作获得成本上的优势，生产性服务业通过规模经济为产业协同提供动力。

三、生产要素保持较好的流动性

产业协同效应能够产生并发挥作用，其关键条件之一是生产要素的流动性。如果生产要素在产业间顺畅流转，使企业能够及时地、低成本地从其他部门获得，进而促进规模经济和产业关联效应的发生（Scott A. J.，1988）[171]。新经济地理学在生产要素流动性上也提出要素在产业间和（或）区域间的供需也要有弹性。在涉及劳动力和资本生产要素流动方面的其他研究中，实证表明，制造业与生产性服务业能够在空间内协同集聚的重要条件之一就是生产要素的充分流动，同时，要素流动性对形成本地市场效应、价格指数效应具有重要的促进作用。实际上，在生产要素保持较好流动性的前提下，生产性服务业会吸引其他区域的相关劳动力和资本向该地区转移，以进一步强化生产要素的产业间和区域间流动，促进产业间的集聚与协同效应。因此，为了促进区域内制造业与生产性服务业能够产生协同效应，保持区域间企业之间生产要素的合理流动是充分条件之一。

四、具有产生规模经济效应的基础

由于产业空间集聚是产业协同发展的条件之一，包括本地市场效应和价格指数效应形成的循环累积因果效应，具有自我强化的特征，构成这种理性决策的一个重要因素是在该区域内产业具有规模经济。无论是本地市场效应还是价格指数效应，具体体现在能够产生规模经济效应。规模经济从企业内部和产业层面可分为内部规模经济和外部规模经济（如图3-1所示）。企业平均成本的持续降低主要来源于内部规模经济效应，成本持续下降一方面来源于企业自身产量增加带来的；另一方面随产量积累性增长也会带来企业平均成本下降，前者是静态规模经济，后者是动态规模经济。内部规模经济主要是企业通过一段时间学习形成的技术进步和生产率增长的学习效应，使得企业平均生产成本下降的情况（顾江，2001）[172]。外部规模经济主要来源于产业层面平均成本的变化，包括相关企业生产水平增加，如上游企业生产效率提高促成该企业平均生产成本下降的静态外部规模经济，以及其他企业知识和技术溢出如提供服务的生产性服务业，带来企业生产效率提升的动态外部规模经济。

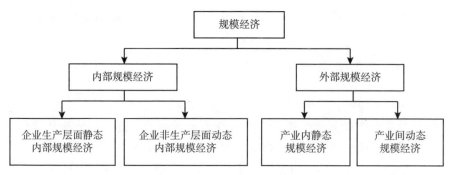

图 3 – 1　规模经济分类结构

具体而言，规模经济来源于企业规模的扩大以及产业链条的协作，随着产业集聚增加，规模经济也更为明显。同时，规模经济现象的发生也会促进产业集聚。内部规模经济主要来源于企业自身生产规模的持续扩大，当达到一定的限度后，可以认为具有内部规模经济。除了要求企业满足其规模在某一最低限度之上，这也要求总产出在某一区位内集中，重要的是，区域内具有吸收产业规模的市场需求。因此，在产业集聚的状况下，通过产业前后向关联机制促进劳动者和相关上下游企业在其周围集中，产业集聚不但带来生产规模的扩大，也会进一步扩大地方化的需求，在一定区域内形成生产和需求的具有较大市场容量的本地市场或稠密市场（thick market）。外部规模经济主要指产业内或者产业间具有规模收益递增。一般而言，内部规模经济是产业集聚形成的动力，而外部规模经济则为其提供自我强化的机制（颜银根，2014）[173]。

第二节　生产性服务业与制造业协同机理分析框架

生产性服务业与制造业协同发展是二者在特定空间上的集聚效应，具有产业和空间二重属性，对该问题进行研究自 Ellison 和 Glaeser（1997）开始以来，已经从现象研究演进到当前的机理研究[174]。生产性服务业和制造业协同发展的动力来源于广域的空间内产业集聚共存所产生的"互补效应"（陈建军和陈国亮，2009）[175]。一般而言，生产性服务业与制造业协同发展表现在空间宏观层面的产业空间集聚、产业中观层面的产业关联和企业微观层面的生产要素流动。贯通三个层面的是两个协同机理，一是促进机理，通过跨产业和产业内生产环节的联系，将企业微观层面的资本、劳动力以及投入产出进行了经济关联，将产业链的上下游进行贯通；同时在企业微观层面形成知识关联，知识关联是产业间创新的基础，也是强化产业联系的重要方式。二是诱导机理，产业间和产业内通过经济关联和知识关联，在一定区域内产生了产业集聚现象，由产业集聚形成本地市场效应和价格指数效应，这两类效应又进一步促进了产业集聚，由此形成的相互作用共同促进了循环累积因果机制。循环累积因果机制强化和形成空间外部性，空间外部性被认为是产业集聚的关键要素（范剑勇，2010）[176]。

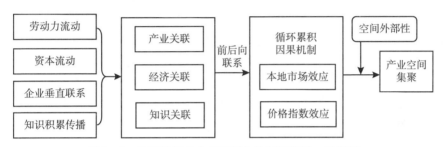

图 3 - 2　生产性服务业与制造业协同机理的一般框架

如图 3 - 2 所示，生产性服务业与制造业在区域内的协同机理主要体现在以下几方面，首先，在企业微观层面通过知识关联和经济关联形成互动和协同。经济关联主要体现在沿着产业链和价值链的上下游企业间形成彼此相互连接，从生产环节逻辑上形成彼此嵌入，从业务角度看，它是制造业与生产性服务业的价值环节上的垂直关联；知识关联是随着产业细分、专业化程度加深而形成的，制造业与生产性服务业通过知识、技能、创新等要素相互联结，提升制造业环节的知识含量，促进制造业的转型和升级。其次，通过企业微观层面的知识和经济关联，从业务流程上彼此联结，通过本地市场效应和价格指数效应，将制造业和生产性服务业在空间上形成集聚。本地市场效应是企业在区位空间选择上，一般会遵循贴近市场的原则，也就是会选择市场规模大，距离比较近的区域，认为是市场接近效应。当产业中企业都依据这一原则进行区位选择时，通过市场的力量，就可以将企业集聚在一起，共同形成一个更大的市场。市场规模较大的区域吸引企业向该地区转移，同时企业的迁入又会导致市场规模的变大，形成较强的规模经济效应。价格指数效应是指当众多的制造业和生产性服务业集聚在一定空间内，区域内自然形成范围更大的市场，工业产品和生活用品种类多、价格低，由此又促进更多同类型或相关性较强的企业向此区域汇集，价格指数效应又称为生活成本效应。众多企业在空间形成集聚后，生活成本及工业产品价格降低，价格指数效应进一步激励企业向其他地区转移，由此本地市场效应和价格指数效应共同促进了循环累积因果关系。

在企业微观层面的知识关联和经济关联共同作用下，使产业链和价值链得以健全。在本地市场效应和价格指数效应共同作用下，制造业和生产性服务业在一定空间上形成集聚，并通过循环累积因果机制形成自我强化，加强了本地市场效应和价格指数效应对空间集聚的促进。从产业空间集聚的过程来看，存在某种必然或偶然原因导致劳动者或企业向某一地区集中，一方面逐步健全价值链，另一方面吸引更多的企业集聚过来，扩大了该区域的市场规模和供给能力。由于某地区市场规模逐步增加，使得该地区产品的种类和数量往往相对较多，产品价格和成本相对较低，在空间外部性的带动下，就会吸引大量劳动者或企业向该地区集中（安虎森等，2009）[177]。再者，某一产业先在空间上形成不断集聚，与该产业相关的产业也会在空间上彼此邻近（Ellison & Glaeser，1997）。制造业与生产性服务业在循环累积因果机制下不断得以强化，在空间外部性效应的带动下，形成产业集聚、相互协同互动。

第三节　空间优化集聚—空间协同的逻辑机理

从理论分析和实践验证都支持产业协同集聚具有产业和空间二重属性的观点，产业在空间上的集聚影响城市（群）空间格局形态，而城市空间优化又进一步促进产业协同集聚，由此形成循环累积效应的产城互动发展模式（陈建军，2016）[178]。理论上"中心—外围"模型是研究生产性服务业与制造业的空间集聚的经典理论，是 Villar 和 Rivas 在克鲁格曼的"中心—外围"模型基础上考虑到生产性服务业部门作为参与主体的重要意义，通过时间检验和一般均衡性分析得出，在区域中心地区越来越集聚较多的生产性服务业，而制造业被挤出到城市的周边或者更远的地区，这就是加入生产性服务业后形成的"中心—外围"产业空间集聚模型。实践上产业间协同互动并在区域上集聚为理论分析提供了支持。但已有产业协同集聚与空间结构互动研究虽加入了空间思维，但依然并未将产业协同与空间布局研究纳入一个统一空间分析框架内。研究需要从宏观角度，基于空间和产业两个维度，将生产性服务业与制造业协同集聚与空间结构优化进行整体分析。空间协同的逻辑机理图如图3-3所示。

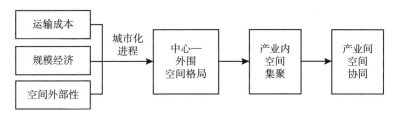

图 3 - 3　产业空间优化集聚促进空间协同机理

一、空间布局优化推进产业集聚

主要影响产业集聚的三个关键因素为运输成本、规模经济和空间外部性，都与空间距离相关，空间结构的不断优化将会降低运输成本，强化规模经济效应，拓展空间外部性，便于经济主体接触和交流，缩短时空距离，加速生产要素在空间上的自由流动，促进产业的空间集聚。因此，产业协同集聚依空间布局优化而形成，并不断进行强化，形成循环积累因果效应。

（一）空间布局优化带动产业迁移效应

首先，伴随着城市化进程逐渐深化和延伸，生产要素以及产业随之出现不断集聚的现象。当城市化进程到达一定阶段，有限空间内的土地日益稀缺和其他生产要素流动性增加的情况下，生产性服务业与制造业在发展路径和区位选择上形成固定模式，新"中心—外围"理论对该问题进行了检验。生产性服务业要求劳动力素质和劳动力工资都相对较高，需要高素质人才的加入，反而对地租不敏感，一般会选择城市中心区域；而制造业对人员素质要求不高，工资水平也较低，对地租较为敏感，一般会选择城市的边缘地区发展。由此，生产性服务业对制造业在人才方面形成竞争，高素质人才都愿意留在城市中心，也会要求较高的工资水平，直接造成对制造业的"袭夺效应"。这种"袭夺效应"也进一步促进生产性服务业和制造业在空间布局上的优化。从都市圈角度分析，当前阶段，我国大城市正处于以生产性服务业为重点的发展阶段，产业政策自然向生产性服务业倾斜。综上，制造业在空间上会逐渐将生产环节转移到周边或者其他中小城市，生产性服务业留在中心城区发展，这将促进生产性服务业与制造业都市圈内部跨城市分工合作。

其次，产业集聚推动其在空间上形成"中心—外围"的布局结构。新"中心—外围"产业结构扩大了与单一城市产业发展的布局，在一个更大区域内进行产业的协同和布局，也为生产性服务业与制造业之间的协调发展提供了全新的协同方式和更为广阔的空间载体。"中心—外围"的空间结构首先要求都市圈是由一个或两个中心城市以及若干个中小城市组成，中心城市与中小城市在地理上相邻近，经济文化方面存在共性，在空间结构上是一个有层次的城市结构体系。"中心—外围"布局还体现在都市圈内的各城市产业结构形成互补，制造业与生产性服务业分布较为合理，能通过链接形成产业链条。在此条件下，产业的集聚会进一步推进"中心—外围"的产业空间布局。

（二）空间分工体系强化产业集聚

在都市圈的产业空间分工结构中，新"中心—外围"理论阐释了中心城市和都市圈内各中小城市之间的分工不同，在各自区域内形成产业集聚效应。中心城市与周边中小城市资源禀赋、人才基础、基础设施、产业基础、政策文化的不同，形成不同的产业发展条件，彼此错位发展，共同承担着生产与服务功能。就产业空间结构整体而言，生产性服务业主要集中在中心城市，制造业内部各个产业环节则选择在中心城市周边、具备较完善的产业发展基础和具有比较优势的中小城市聚集。因此，依据"中心—外围"理论，生产性服务业和制造业在都市圈实现"服务—生产"产业空间分工体系。从空间产业结构上看，空间上的产业选择会促进产业集聚现象的发生。

二、产业空间集聚强化产业空间协同效应

新古典经济学提出企业为追求外部规模经济而集聚，在外部规模经济的激励下，更多的企业集聚在一起，通过集聚使企业间的技术创新、信息、管理、资金等方面的交流与合作更加频繁，不但降低企业间的交易成本，而且合作企业间的信息不对称程度大幅降低。由此，产业优化集聚促进产业间在空间上形成协同效应。

（一）生产性服务业空间集聚促进与制造业的空间协同

生产性服务业是知识密集型行业，对服务范围和水平规模及业务创新有较高要求，具有服务制造业的特殊优势，随着优势的不断积累逐渐形成服务要素的空间集聚。生产性服务业在空间上集聚为服务制造业提供了便利性，通过降低制造业的生产成本和交易成本，构筑制造业差异化竞争优势等效应，体现出二者的协

同。首先，生产性服务业空间集聚降低了制造业的生产成本，促进协同效应。制造业企业在社会分工背景下，将物流、采购、人力、金融等服务环节从内部剥离，通过市场交易方式，向市场上生产性服务企业购买服务，这样将原来自己投资的服务环节转化为市场交易中的产品，将固定成本投入变为可变成本，增加了企业的灵活性和弹性，提高了企业运作效率。其次，交易成本的持续降低促进协同效应。制造业各部门之间所要交换的产品数量和种类不断增加，各种交易成本随之不断上升，通过生产性服务业发展有助于降低制造业部门间的交易成本。如生产性服务业的金融和物流部门直接参与到制造业的相关生产环节，通过外部化优势有效降低制造业企业的融资及运输成本。最后，构筑制造业差异化竞争优势。制造业的技术提升环节、科研创新环节是形成比较优势的关键，完全靠自身的独立创新不能形成竞争优势，寻求外部资源的智力支持是较为明智的选择。新兴的高端生产性服务业能在技术服务、法律咨询、信息服务、科技研发等高级服务与制造业形成协同，生产性服务业集聚优势越明显，对制造业创新的支撑作用越大，进而促进制造业在空间上的集聚，以更好地与生产性服务业协同发展。

（二）制造业空间集聚促进与生产性服务业空间协同

制造业空间集聚能产生"稠密市场"的效果，在一定空间格局内集中产生更多的市场需求，中间需求的品类和数量巨大，从而带动对生产性服务投入的更多需求。制造业的空间集聚拉动与生产性服务业的协同发展。

首先，制造业集聚对生产性服务需求的扩大，拉动生产性服务业空间集聚和规模扩大。在工业化早期，制造业企业对生产性服务的需求较小，一般是从企业内部获取生产性服务，由此生产性服务的外部供应商缺乏生存空间，无法形成专业化的生产性服务企业。在循环积累效应作用下，随着制造业企业规模的不断扩大和发展水平的不断提高，生产性服务的市场需求也相应扩大，生产性服务业独立于制造业成为独立的产业，并且规模不断扩大。

其次，制造业集聚效应推动制造业转型升级，带动生产性服务业服务质量及效率的提升。研究表明，制造业部门的类型不同，其产业发展也会受到不同类型的生产性服务业部门影响。比如，劳动密集型制造业生产过程比较简单，通过市场交易方式能够较为容易地与生产性服务业形成关联[179]；而资本和技术密集型的制造业生产环节比较复杂，产业链较长，除传统的具有共性的生产性服务嵌入以外，更需要金融服务、科学研究等高级生产性服务支撑与嵌入。无论是共性的生产性服务还是高端生产性服务，在制造集聚效应下，不断对生产性服务提出很高的要求，带动生产性服务业质量与效率的提升。

第四节　产业垂直关联—产业协同的作用机理

研究发现，产业间价值链的垂直关联是基于产业链角度发生产业间的协同效应。生产性服务业与制造业相互作用处于一个关系网络中，彼此之间通过产业链条形成相互作用、相互影响的关系。产业本身就是关系的主体，总是嵌于一个与其他行为主体所产生的社交的、专业化的以及相互交换的关系网络中（Guerrieri，2005）[180]。生产性服务业与制造业各环节之间的垂直关联可分为纵向关联与横向关联，纵向关联主要指产业内部价值链上前后环节之间的联系，而横向关联则指某一制造业环节受到来自生产性服务业参与和影响，形成彼此协作、联盟与竞争的关系。因此，产业间的协同必然受到基于产业价值链的垂直关联影响，共同形成产业协同的促进和提升。

一、产业垂直关联形成产业协同的过程

随着产业发展阶段向更高级跃升，依据社会分工和价值链理论，制造业不断将原来在内部进行的生产服务类活动（如管理咨询、会计等业务活动）外包给专业化的生产性服务企业，传统制造业在此外包进程中更加聚焦在擅长并有竞争力的部分。随着制造业逐步向归核化发展，愈发增加对生产性服务业数量和多样化的需求，在日益增多的需求驱动下，刺激生产性服务业更加规模化、专业化，进而促进社会分工细化和服务外包进程。生产性服务业形成及其发展，与制造业的归核化发展以及产业升级有关，彼此间形成密不可分、相互促进、相互影响的关系，依据产业的垂直关系持续形成良性循环的正向反馈过程。在基于产业垂直关联过程中，制造业企业"归核"的业务主要处于价值链的中游，生产性服务业务重点分布于价值链的上游和下游，处于中游和下游的产业环节具有强大价值增值能力，属于价值链"微笑曲线"的两端。因此，在纵向关联中生产性服务业作为中间投入品，提升制造价值环节的创新能力和竞争力，这属于企业获取核心竞争优势的战略环节。通过产业间垂直关联，生产性服务业帮助制造业不断对价值链进行塑造和提升，生产性服务业与制造业间形成一种具有累积性的相互影响、相互决定的内生性过程，而不是简单直接的因果关系（Browning H.，1975）[181]。

产业垂直关联形成产业协同的过程如图3-4所示。首先，制造环节企业通

过归核化发展，逐渐演化为新型制造业，新型制造业不断对生产性服务产生新的需求，促进生产性服务业高端化和专业化发展，在制造环节中生产性服务业与制造业彼此衔接，形成统一的价值链环节；随着生产性服务业独立发展到较高阶段，就会对制造业形成"倒逼机制"，一方面促进传统制造业加速向新型制造业跃升，另一方面，强化现有制造业的技术水平和创新能力，因此，制造业与生产性服务业环节产生纵向关联。反过来，新型制造业对生产性服务业的需求进一步加强，促使两种产业融合协同发展，大力增强了产业间的横向关联，使得两大环节之间的边界逐渐模糊。因此，从产业链环节上看，制造环节通过剥离非核心但高价值的生产性服务部门，与生产性服务环节内企业产生横向关联，生产性服务环节通过另外创立制造企业与有制造环节企业产生横向关联，生产性服务业环节内部亦可通过协调联盟形成横向关联。其次，制造环节的归核化、服务化发展，使生产性服务环节外包出去，促成了生产性服务环节的工业化发展。从产业角度上，构建了制造环节与生产性服务环节之间的纵向关联，在产业发展互动中产生了彼此的拉动与"倒逼机制"，制造业归核化发展，促成生产性服务业发展，生产性服务业规模化、专业化发展又倒逼新型制造业的价值链跃升。综合来看，生产性服务业与制造业在产业间形成横向产业垂直关联，在产业链环节形成相互增强的纵向垂直关联。基于产业链间和产业链内的有机协调关系，产业链通过衔接、整合各环节形成垂直关联的价值链，产生互相协同发展的效应，创造价值和竞争优势。

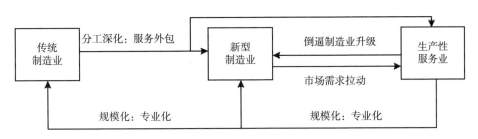

图 3-4　产业垂直关联形成产业协同机理

二、产业垂直关联提高产业协同的价值

产业间的垂直关联将产业发展引向更深入的阶段，促进了制造业服务化和生产性服务业制造化的取向，由此，加强了生产性服务环节与制造环节的协同发展程度，进而提升生产性服务业和制造业协同的系统性价值。

（一）产业垂直关联提升制造业环节价值

首先，产业垂直关联促使制造业进一步加快归核化发展，剥离出的生产性服务业通过产业关联形成自身产业定位。发展初期，制造业将远离核心竞争力的业务外包给生产性服务环节企业，从而得以打造自身核心竞争力。独立出来的生产性服务受到制造环节企业对中间投入的需求影响，一方面提供了生存的机会，另一方面，制造业升级与转型对生产性服务业提出更高要求，从而提高其专业化水平，能更有效地与制造业环节进行衔接，促进制造环节价值的提升。从生产性服务业角度看，生产性服务部门独立发展，成为全新的产业形态，通过产业垂直关联与制造业形成衔接，在不断发展壮大中，既扩大了生产性服务环节的市场份额，又通过与制造业的产业关联推动原有生产性服务环节企业的发展，反过来能更加有效地服务于制造环节企业。

其次，服务业作用于制造业发展的过程是一个服务增强的过程，而这一增强过程是提高产业链中制造环节价值的有效手段（蔺雷等，2009）[182]，具体表现在制造服务化过程的建立和强化，具体表现为三方面：第一，顾客服务已经成为整体产品的一个部分，没有服务的产品将失去竞争力；第二，将服务增强的趋势整合进企业发展战略之中；第三，采用合适的服务企业组织构架，相应调整原制造企业组织构架。将部分生产性服务与制造环节进行联结，形成制造服务化的产品创新模式，使制造环节逐步由以制造为中心转向以服务为中心。

（二）产业垂直关联提升生产性服务业环节价值

制造业在生产性服务业创新服务能力支撑下，产品附加值大幅提升，因此，生产性服务环节占据着提高产品附加值的关键位置，是增加和保持产品价值的一种活动（Porter，1998）[183]。生产性服务业存在着明显的自我增强机制（Baldwin，2010）[184]，生产性服务环节企业为了规模化发展需要，一般通过工业化方式进行生产，例如将服务环节提供的产品作为产品包，通过产业垂直关联自动镶嵌到制造业环节，在服务中采用生产线方法等，得以提高生产性服务环节生产效率（Devereux，1996）[185]。随着产业进程向纵深发展，某些生产性服务环节企业在提供专业化服务中积累了丰富的制造经验，汇集了较多的制造业产业链资源，服务业亦可通过另立制造型企业来增加价值。因此，一方面，这些生产性服务环节企业为剥离出服务业的制造企业提供竞争能力，增强与生产性服务业关联，整体性提高了生产性服务业环节价值；另一方面，新创生产性服务业企业通过向制造企业延伸，拓展了生产性服务业工业化的业务范围，通过产业垂直关联，使制造业向高级阶段发展，提高了生产性服务业创新能力，带来整体产业链价值的实现。

因此，在制造业与生产性服务业产业垂直关联作用下，从生产性服务环节作为协同驱动方来看，一方面生产性服务业发展中通过工业化、协作联盟等方式，实现规模化和专业化发展，得以提高生产效率和专业化水平，进而为制造环节企业升级和技术创新提供服务支撑；另一方面，生产性服务企业在服务制造业过程中，通过积累的经验和对竞争的理解，会直接创立与产业环节相关的制造企业，与原来服务的制造业企业进行面对面竞争，进而整体上推动制造环节企业向更高阶段发展，促进制造环节增强竞争力，提升价值。如此往复，在一个较长的产业发展周期中，产业链内生产性服务环节与制造环节相辅相成、协同发展，共同促进了产业链价值的提升（杜义飞等，2004）[186]。

第五节　企业间知识关联—微观协同的作用机理

从微观企业运营角度看，制造企业与生产性服务业企业间配合与协同，除了考虑交易成本问题，更为重要的是考虑企业间的知识关联[187]。考虑交易成本是将生产性服务业务部门剥离出去的动因，制造企业将生产性服务业务剥离的这种服务外部化行为，促成了生产性服务企业的独立发展，通过产业垂直关联形成彼此间协同发展。除此之外，制造企业和生产性服务企业之间通过知识关联，形成创新要素流动、使用、增值的关系网络，共同打造产业间创新协同的机制。基于知识关联的企业间协同创新会不断为产业升级和调整注入创新活力，制造企业通过知识关联将独特知识资源镶嵌进制造环节，为企业发展赢得更多的竞争优势。本节以制造业核心竞争力提升和竞争优势获得为出发点，从知识关联角度分析生产性服务业与制造业基于微观活动层面的协同机理。

一、知识关联推进制造企业服务活动外化

在产业协同过程中，制造企业一方面考虑交易成本，对各种生产要素作出"买"或"卖"的决定，对成本分析后，选择在自己内部生产还是在外部市场采购，以此获得成本优势；另一方面考虑知识关联在制造业与生产性服务间的关

系，以知识和创新为纽带加强制造业与生产性服务业的协同，通过知识要素的环节镶嵌，提升制造业环节的知识含量，获得更高层次的竞争优势。知识密集型服务活动是信息和知识的来源，它们整合不同的网络组织，加快知识获取，促进企业不断地创造新的服务。通过研究发现，在生产要素流动过程中，越是标准化和日常性服务业，对制造业而言需要更多考虑纯粹的成本驱动因素；越是信息和知识密集型服务业，对制造业而言价格因素就越不重要，更多考虑知识和质量因素的影响（李清娟，2006）[188]。由此可见，通过知识关联生产性服务业将创新要素与制造业进行环节上的协同，生产性服务业得以不断拓展和深化，制造业将具有创新性的生产性服务环节外部化，表现出两者之间一种不断加强的双向协同关系。

出于对创新和竞争的考虑，制造企业内生产性服务活动的外部化过程中较少考虑成本因素，制造企业一般将生产性服务环节外部化，寻求专业化的知识和创新要素来替换内部薄弱及缺失环节。尤其在日益复杂的制度环境下，制造企业对第三方信息的需求越来越强大，将导致更多外部化生产性服务活动替换内部相应服务活动。因此，制造企业主要使用内部知识源开发新产品，但当服务不能从内部获取时，企业需要从其他企业或组织获取必要的专业知识（Fujita，1999）[189]。例如，生产技术变迁速度加快，完全依靠制造企业自身进行技术更迭、创新是难以实现的，企业内部不可能拥有各方面技术专家，通过服务外部化来购买外部市场提供的知识服务功能，在经济和效率上都获得较高的利益。又如在日益复杂的国内和跨国商务环境中，市场需求多变、管理复杂性增强、产品和流程创新进程加快，对这些问题的把握都需要专业化的知识储备，制造企业自身较难获得竞争优势；再者，制造业将生产性服务业外部化过程中，彼此之间建立了较为牢固与严谨的买卖双方关系，形成稳固的、难以替代的关系，知识关联导致更广泛、更大规模的外部生产性服务活动进入制造企业。因此，制造业因非成本因素促进服务外部化，主要是针对知识密集型服务环节而言，这部分环节具有更强的专业性和增值性，外部知识密集型服务企业在为制造企业提供知识密集型服务活动时，自身创新能力也得以提升，并推动了制造企业竞争力的增强。

另外，不同类型的制造企业在生产性服务活动外部化过程中的剥离方式不同，如中等规模制造企业比小规模制造企业和特大型制造企业更倾向于利用外部化资源，即其更倾向于剥离非核心服务，来打造自身核心竞争力；而同一类型的制造企业对不同类型的生产性服务活动的外部化情况也不尽相同，一些认为战略性越强的功能越不容易外部化，越是非知识密集型服务业，越倾向于外部化，而越是信息和知识密集型服务业，也越容易剥离后成为独立的服务企业。外部生产性服务活动（尤其是知识密集型服务）的价值还表现为提高了企业员工的专业化知识和"定制"知识的能力（Markusen，1989；Simeon，2002；Hidenobn，2004）[190~192]。

二、知识关联促进生产性服务活动内化

生产性服务活动（尤其是知识密集型服务活动）外部输入明显有助于提高企业产品开发、过程创新、营销创新、使用最佳实践和成长机会意识等核心能力。但是，在制造业发展实践中发现，出于商业模式创新以及生产要素的可得性考虑，制造业生产性服务活动内化需求也很强烈（杜传忠，2013）[193]。

首先，知识关联的重要性增强了制造企业将生产性服务活动内部化的动力。内部生产性服务活动尤其是知识密集型服务活动促进了企业学习、知识扩散和创新能力的构建。因此，企业更倾向于将核心能力和知识保留在企业内部，通过知识间关联的内部化活动，以建立并维持竞争优势（Klodt H.，2000）[194]。例如，企业通常从内部研发部门获取研发服务活动，研发活动内部化能使企业保持技术知识所有权，因而获得可持续竞争优势。许多研究也认为，技术所有权是建立竞争优势的最重要基础，所以企业应提高研发活动上的优势能力，以创造核心技术上的竞争优势。

其次，知识关联将调整企业的内部和外部生产性服务活动，形成彼此间的协同效应。生产性服务整合活动对企业构建和维持创新能力具有重要意义，企业需确保得到优质服务，企业需要参与外包，评价可获得的服务内容、价格、质量。在此过程中，企业了解了市场、获取了所需的互补能力。通过知识关联活动，制造企业将服务输入转化为企业的新知识与学习能力。企业与服务提供商间的积极协同促进了企业的创新过程。制造企业获取核心知识后，需要努力将该知识与其企业内部知识进行整合，变成战略资产。

三、知识密集型服务业集聚促进制造业转型升级

在集聚规模报酬递增的前提下，知识密集型服务业部门相比内化在制造业中有着更高的知识产出和积累，通过知识的空间溢出效应对制造业产生积极影响。知识密集型服务业集聚促进制造业转型升级的模型，是基于经典"中心—外围"模型，增加了新的研究发展部门即代表知识密集型的生产性服务业。其主要是通

过使用熟练技术工人的创新和知识的外溢，为制造业部门提供服务、增加产品种类、实现产业升级。具体的模型如下。

（一）模型的前提与假设

该模型的特征是一个两区域、三部门模型，即假设经济中存在两个空间区域三个生产部门：传统部门、制造业部门、知识密集型服务业部门，分别用 T、M、R 表示；两种投入要素：熟练技术工人和非熟练技术工人，分别用 S、H 表示。制造业部门和传统部门使用非熟练技术工人，并且工人的数量是固定的，为 H/2；知识密集型部门则使用熟练技术工人，假设总量在一定时期内是不变化的，并标准化为 1。

（二）模型的主要内容

1. 厂商的需求量来自生产差异化产品

假设 S、H 具有相同的瞬时效用函数，即

$$u = Q^a T^{1-a} / M^a (1-a)^{1-a} \tag{3.1}$$

其中，a 的取值在 0～1，代表制造业产品的消费占经济整体消费总支出的比例。T 表示传统部门生产的同质产品的消费量，Q 表示多种类制造业产品的消费指数，并为不变替代弹性函数。

$$Q = \left[\int_0^N q(i)^\mu d_i \right]^{1/\mu} (0 < \mu < 1) \tag{3.2}$$

N 为制造业部门一定时期内产品的种类，q(i) 为第 i 种产品的消费量，i 属于 1 至 N。μ 为差异化产品需求弹性的倒数，其与消费者多样性需求成反比，当值接近 1 时，不同产品接近完全替代。

假定消费者在既定时间内的总消费支出为 Y，制造业部门生产的差异化产品价格为 P(i)，P 为整个制造业部门的价格指数，则 CES 函数形式为

$$P = \left[\int_0^N P(i)^{-(\sigma-1)} di \right]^{-1/(\sigma-1)} \tag{3.3}$$

其中替代弹性 σ 与多样化需求程度 ρ 的关系为：

$$\sigma = \frac{1}{1-\rho} \tag{3.4}$$

那么，传统部门的消费者需求函数为：

$$T = (1-\mu)Y \tag{3.5}$$

制造业部门现代化产品 i 对 j 的替代弹性 $\sigma_{ij} = \dfrac{\left(\ln\dfrac{q(j)}{q(i)}\right)'}{[\ln MRS_{ij}]'}$，由于差异化产品

间替代弹性不变，可知：$\left[\ln\dfrac{q(j)}{q(i)}\right]' = \sigma[\ln MRS_{ij}]' = \ln(MRS_{ij})^{\sigma}$，得出

$$\frac{q(j)}{q(i)} = (MRS_{ij})^{\sigma} \tag{3.6}$$

由于 $MRS_{ij} = \dfrac{\partial q(j)}{\partial q(i)} = \dfrac{p(i)}{p(j)}$，则有

$$\frac{q(j)}{q(i)} = \left[\frac{p(i)}{p(j)}\right]^{\sigma} \tag{3.7}$$

进一步推导出第 j 种产品看作 0，1，2，…，N 种产品的组合。则有

$p(j) = Q$，$p(j) = \left[\displaystyle\int_0^N P(i)^{-(\sigma-1)}di\right]^{-1/(\sigma-1)} = P$，故 $q(i) = Q \cdot \left[\dfrac{p(i)}{p}\right]^{-\sigma}$

又由于 $PQ = \mu Y$，因此

$$q(i) = \frac{\mu Y}{P} \cdot \left[\frac{P(i)}{P}\right]^{-\sigma} = \mu Y \cdot P(i)^{-\sigma} P^{\sigma-1} \tag{3.8}$$

2. 生产差异化产品代表厂商的定价与利润

由 $\omega_A^L = \omega_B^L = 1$ 和 i 产品的劳动力投入函数 $l(i) = f + q(i)$，以及两个区域间发生的运输成本 τ 得到

$$P_{dx}(i) = P_d(i)\tau \tag{3.9}$$

再设 E_d、E_x 为 d、x 区域某段时间的总支出，该区域的制造业产品的总价格指数为 p_d，结合以上两个公式，得出本区域产品的总需求量为：

$$q_d(i) = \mu E_d P_d(i)^{-\sigma} p_d^{\sigma-1} + \mu E_x [p_d(i)\tau]^{-\sigma} p_x^{\sigma-1} \tau \tag{3.10}$$

制造业部门代表厂商的利润表达式为：

$\pi_d(i) = P_d(i)q_d(i) - \omega_d[f + q_d(i)]$，由于 $\omega_d = 1$，那么，

$\pi_d(i) = [P_d(i) - 1]q_d(i) - f$，再求一阶条件，得出：

$$p_d(i) - 1 + q_d(i) \Big/ \frac{\partial q_d(i)}{\partial p_d(i)} = 0 \tag{3.11}$$

根据式（3.10），显然有

$$\frac{\partial q_d(i)}{\partial q_d(i)} = -\frac{\sigma}{p_d(i)} \cdot q_d(i) \tag{3.12}$$

再将式（3.12）代入式（3.11）中可得

$p_d(i) - 1 + q_d(i) \Big/ \left[-\dfrac{\sigma}{p_d(i)} \cdot q_d(i)\right] = 0$ 即 $p_d(i) - 1 - \dfrac{p_d(i)}{\sigma} = 0$，得出 $p_d(i) =$

$\dfrac{\sigma}{\sigma - 1}$。再根据式（3.4）有

$$p_d(i) = p_d^* = \frac{1}{\rho} \tag{3.13}$$

式（3.13）体现了差异化产品企业的提价系数与消费者多样性需求有关，在其他条件不发生变化的情况下，产品差异化程度越高，则规模经济效应越强，产业集聚带来的价格系数提价就越高，就会有更高的均衡价格。知识型创新则成为满足消费者多样性需求的中间产品投入。最后均衡利润率推导出的均衡产量公式为：

$$q_d^* = \mu\rho\left(\frac{E_d}{M_d + \xi M_X} + \frac{\xi E_x}{\xi M_d + M_X}\right) \tag{3.14}$$

3. 创新研发部门集聚与制造业升级

生产性服务业部门具有高人力资本和高智力投入，在技术外溢效应下，使用熟练技术工人生产并提供专利。假设区域 D 的知识资本存量为 K_d，人力资本占全部经济人力资本的比例为 ε_d 时，专利数量可以表示为

$$s_d = K_d \varepsilon_d \tag{3.15}$$

再假设某个熟练技术工人 j 的个人知识存量为 $h(j)$，β 为知识外溢程度，η 为不同地域间技术外部性程度。那么区域 d 的总知识资本存量的表达式为

$$k_d = M[\varepsilon_d] + \eta(1 - \varepsilon_d)^{1/\beta} \tag{3.16}$$

$$S_d = Mf[\varepsilon_d + \eta(1 - \varepsilon_d)]\varepsilon_d \tag{3.17}$$

若 $\eta = 1$，即知识在不同地区间充分共享（变为全局的公共产品），$K_d = M$ 表示整体经济尤其是作为生产性服务业下游产业的制造业将获得技术进步动力，为其升级打下基础；反之，若 $\eta = 0$，即知识完全属地方化产品时，则得 $K_d = Mf(\varepsilon_d)$。随着某地区人力资本比重的增加，其创新研发产出效率也在提高，并且这种提高呈现不断加速的态势，显示出研发活动收益递增的特性。

进一步假设知识产权保护很好地保障了专利的期限无限长，制造业新产品数量就等于新诞生的专利数量，则有

$$M = S_A + S_B = M\{[\varepsilon f\{\varepsilon + \eta(1 - \varepsilon)\}] + (1 - \varepsilon)f(1 - \varepsilon + \eta\varepsilon)\} \tag{3.18}$$

熟练技术工人地区集聚参数 $\varepsilon = \varepsilon_A$，$1 - \varepsilon = \varepsilon_B$。同时 $f_A(\varepsilon) = f[\varepsilon + \eta(1 - \varepsilon)]$，$f_B(\varepsilon) = f[(1 - \varepsilon + \eta\varepsilon)]$，那么整个经济部门中制造业产品升级的增长率为

$$g(\varepsilon) = \varepsilon f_A(\varepsilon) + (1 - \varepsilon)f_B(\varepsilon) \tag{3.19}$$

由此可见，生产性服务业空间集聚与制造业升级存在一种函数的关系，并且制造业升级是生产性服务业空间集聚状态的集合函数。知识扩散的程度直接影响制造业升级的速度，当知识不完全扩散的时候，创新研发集聚将有利于制造业升级速度的提高；当完全分散时，全部制造业部门的速度将降到最低。同时，保持

生产性服务业集聚程度不变，区域间知识外溢强度的提升，可以加速整个现代产业体系的升级速度。而要加强区域知识溢出的速度和强度，也需要生产性服务业的集聚，通过降低运输成本、加速知识和技术的传播与共享，使得整体经济受益。因此，产业空间集聚、外部经济与产业转型升级共同依存、相互作用。

第六节 本章小结

本章从空间和产业两个维度以及空间布局的宏观层面、产业关联的中观层面和知识关联的微观层面，系统梳理生产性服务业与制造业的协同机理。研究得出，循环累积因果效应而产生的空间外部性是产业集聚与产业协同发展的关键。产业的前后向关联产生本地市场效应和价格指数效应，这两种效应共同促进了循环累积因果机制。

首先，影响生产性服务业与制造业协同的关键因素包括产业发展的规模经济效应、地理的邻近效应、运输和交易成本的持续下降以及保持要素良好的流动性。

其次，产业空间优化促进了产业在空间上集聚，形成集聚效应；产业在空间上集聚加强彼此间的联系和价值链嵌入。空间优化与产业集聚和协同彼此相互促进、共生发展。

再次，在中观层面上，生产性服务业与制造业同处于空间上的关系网络中，基于产业链垂直关联，产生产业间的协同效应。制造业归核化发展，为生产性服务业专业化、规模化发展提供了基础；生产性服务业专业化、规模化发展又增加了制造业的价值，提升其竞争力，促进其转型升级，彼此协同共进。

最后，在企业活动的微观层面上，生产性服务企业与制造企业通过彼此间的知识关联，实现协同创新，不断为升级注入活力。知识关联促使制造业将生产性服务活动外化，以实现归核化发展；同时，知识密集型服务业集聚会促进制造业转型升级。

第二篇

京津冀生产性服务业与制造业现状分析

第四章

京津冀区域经济发展及产业协同的现状与问题

为了探讨京津冀生产性服务业与制造业协同发展问题，首先需要对京津冀区域经济和产业发展状况进行系统把握和分析，重点从空间角度把握京津冀三地经济和产业发展状况，分析三地间的经济联系；从产业角度系统研究京津冀生产性服务业与制造业发展速度、结构及细分产业状况、集聚水平以及彼此间的协同发展程度。通过对京津冀产业发展的总体分析，提出产业发展存在的问题，为了将研究更加聚焦于关键问题，对后续研究做出相应的研究设计。

第一节 区域总体概况与地区间经济联系

一、城市等级体系

京津冀区域各城市在行政级别上层次分明，分为四个层级。第一层级为直辖市，分别是北京和天津；第二层级是省会城市，只有石家庄；第三层级是地级市，有 10 个城市，占城市总数的 28.6%；第四层级是县级市，有 22 个城市，占城市总数的 62.9%。城市行政级别与经济发展成正相关，城市行政等级越高、行政势能越强，经济规模越大；相反，城市行政等级越低，经济规模越弱。京津冀区域城市行政等级体系见表4-1。

表4-1　　　　　　　　　京津冀区域城市行政等级体系　　　　　单位：个

层级	行政等级系统	城市数量	城市名称
1	直辖市	2	北京、天津
2	省会城市	1	石家庄
3	地级市	10	唐山、邯郸、保定、张家口、秦皇岛、廊坊、邢台、承德、沧州、衡水
4	县级市	22	任丘市、涿州、迁安市、三河市、定州市、高碑店市、霸州市、泊头市、武安市、河间市、黄骅市、新乐市、遵化市、辛集市、沙河市、藁城市、安国市、冀州市、深州市、晋州市、南宫市、鹿泉市

资料来源：《中国城市统计年鉴2010》《中国城市统计年鉴2016》。

依据国务院《关于调整城市规模划分标准的通知》，新的城市规模划分标准，京津冀区域各城市城区人口存在着非常大的差距，且有扩大趋势。2009年，超大城市北京比特大城市天津城区人口多298.53万人，而2015年差距增加到429.1万人；与河北省的衡水市差距从940.8万人增加到1207.6万人。同时，京津冀区域城市规模分布存在着不合理现象，超大、特大、大、中城市数量结构不平衡，河北省地级市中只有4个大城市，其余7个均为中等城市。京津冀区域城市等级分布比较见表4-2。

表4-2　　　　　　　　　京津冀区域城市等级分布比较　　　　　单位：万人

城市名称	城区人口		2015年排序	城市级别	等级规模
	2009年	2015年			
北京市	971.9	1261.9	1	超大城市	>1000
天津市	598.53	832.8	2	特大城市	500~1000
石家庄市	242.78	408	3	Ⅰ型大城市	300~500
唐山市	307	329.5	4	Ⅰ型大城市	
邯郸市	147.4	174.1	5	Ⅱ型大城市	100~300
保定市	106.25	110.5	6	Ⅱ型大城市	

续表

城市名称	城区人口		2015 年排序	城市级别	等级规模
	2009 年	2015 年			
张家口市	89.65	90.7	7	中等城市	
秦皇岛市	82.63	89.6	8	中等城市	
邢台市	61.48	87.7	9	中等城市	
廊坊市	81.03	84.3	10	中等城市	50～100
承德市	54.51	59.3	11	中等城市	
沧州市	53.29	54.4	12	中等城市	
衡水市	31.1	54.3	13	中等城市	

资料来源：《中国城市统计年鉴 2010》《中国城市统计年鉴 2016》。

二、产业发展阶段分析

根据库兹涅茨的三次产业产值比重变化理论和指标，判断京津冀工业化阶段情况（如表 4 - 3 和表 4 - 4 所示），北京产业结构满足第一产业产值比重小于 10%，第二产业产值比重小于第三产业产值比重，处于后工业化阶段；天津产业结构满足第一产业产值比重小于 10%，第二产业产值比重大于第三产业产值比重，处于工业化后期阶段；河北产业结构满足第一产业产值比重小于 20%，第二产业产值比重大于第三产业产值比重，处于工业化中期阶段。

表 4 - 3　　　　　　　　　工业化各阶段的产业结构变化

工业化阶段	三次产业的产值结构的变动
工业化前期	第一产业产值比重＞第二产业产值比重
工业化初期	第一产业产值比重＜第二产业产值比重，且第一产业产值比重＞20%
工业化中期	第一产业产值比重＜20%，第二产业产值比重＞第三产业产值比重
工业化后期	第一产业产值比重＜10%，第二产业产值比重＞第三产业产值比重
后工业化阶段	第一产业产值比重＜10%，第二产业产值比重＜第三产业产值比重

表4-4 　　　　　　　　　　京津冀三地三次产业贡献率　　　　　　　　单位: 亿元, %

地区	第一产业产值	第二产业产值	第三产业产值	第一产业贡献率	第二产业贡献率	第三产业贡献率
北京	159.0	4544.8	16627.0	0.1	21.6	78.3
天津	201.53	7766.08	7759.32	0.3	53.6	46.1
河北	3447.46	15012.85	10960.84	11.7	51.0	37.3

资料来源: 2016年《北京统计年鉴》《天津统计年鉴》《河北统计年鉴》。

由以上分析可知, 北京率先迈向后工业化社会阶段, 第三产业贡献率达到78.3%, 在此阶段的工业必将对区域发展及周边的城市带来影响。北京对周边地区的"虹吸效应"弱化, 开始转变为集聚与扩散并存、中心与外围"双向互动"的产业状态。天津第三产业贡献率为46.1%, 河北只有37.3%, 京津冀三地发展阶段不同步, 产业发展方向和重点必然有所不同, 北京产业发展的首要任务是"扩散与升级", 通过扩散传统制造业和重化工业, 大力发展"高端制造业"和现代服务业来实现产业升级。天津主要是"集聚与升级", 在把现代制造和现代物流做大做强的基础上, 向高端化发展, 加快由制造经济向创造经济、生态友好型经济转型, 逐步增加第三产业的比重。河北主要是"集聚与转型", 把优势产业做大做强的同时推进产业转型升级。京津冀三地发展阶段的内在要求, 在区域内能够形成产业协同的发展格局, 这也是京津冀协同发展的重要基础, 为协同提供内在动力。

三、经济联系分析

区域经济联系是衡量区域经济一体化程度的重要标准, 经济联系强度几乎与所有的区域经济要素及社会、文化、行政等因素有着或大或小的关系。一般而言, 如果区域经济联系强度较大, 则表明区域内经济要素流动快, 产业间协同融合较好, 行政管理方面存在相互配合与步调一致。本节使用定量研究方法, 选取京津冀13个城市为研究对象, 分析京津冀地区经济联系强度。

(一) 研究方法与数据选取

由于经济要素数量众多而且变化复杂, 很难依据每个要素来定量分析经济联系强度的大小, 学者们在进行研究过程中, 根据研究对象的实际情况以及数据可得性，分别选取不同的有代表性的指标，如 Eswarn（2002）[195]选取贸易流指标，Se. Hark Park（1989）[196]选取距离、人口、经济等指标，Edward L. Glaeser（1999）[197]则选取知识流指标，分别运用引力模型加以测算。20 世纪 90 年代以来，国内学者刘承良（2006）[198]、顾朝林（2008）[199]、王芳（2010）[200]等广泛应用了空间引力模型分析区域经济联系。本书选取区域的人口数、工业总产值、空间距离及接受程度系数等指标来定量分析区域内各组成部分间的经济联系强度。

1. 研究假设

根据研究经验，使用经济联系量化模型进行经济联系强度分析，需要对研究条件进行假设，假设条件一：区域内部的经济现象分布是均衡的；假设条件二：区域内部任何人都发挥着同样的相互作用；假设条件三：区域间的联系路径是直线型，选择同等的联络方式，运行同等状况的联络线路等。

2. 经济联系定量分析模型

$$R_{ij} = K_{ij} \cdot \sqrt{P_i \cdot V_i} \cdot \sqrt{P_j \cdot V_j}/D_{ij}^2 \tag{4.1}$$

$$K_{ij} = \sqrt[n]{\prod_m^n = 1/(e_m/E_m)} \tag{4.2}$$

$$R'_{ij} = R_{ij}/\frac{P_i \cdot V_i}{\overline{P} \cdot \overline{V}} \tag{4.3}$$

$$R = R_{ij}/K_{ij} = \sqrt{P_i \cdot V_i} \cdot \sqrt{P_j \cdot V_j}/D_{ij}^2 \tag{4.4}$$

R_{ij}：绝对联系强度；R'_{ij}：相对联系强度；R：最大可能联系强度；K_{ij}：接受程度系数；P_i、P_j：两区域的总人口数；V_i、V_j：两区域的工业总产值；$\overline{P}$：多个接受辐射区域总人口的平均值；$\overline{V}$：多个接受辐射区域工业总产值的平均值；e_m：接受辐射区域的第 m 种经济部门或要素与中心城市相关部分的产值；E_m：接受辐射区域的第 m 种经济部门或要素的总产值。

由于数据收集的困难，对区域经济联系定量分析模型进行简化，经简化后的经济联系量与经济隶属度公式为：

$$R_{ij} = \sqrt{P_i \cdot V_i} \cdot \sqrt{P_j \cdot V_j}/D_{ij}^2 \tag{4.5}$$

$$F_{ij} = \frac{R_{ij}}{\sum_{i=1}^{n} R_{ij}} \tag{4.6}$$

其中，R_{ij}表示城市间的经济联系强度，P_i为城市市区非农人口，V_i为城市市区GDP，D_{ij}为城市间公路距离，F_{ij}为 j 城市对 i 城市的经济隶属度。

3. 数据选取

本书以京津冀区域北京、天津、石家庄、唐山、秦皇岛、承德、张家口、廊坊、保定、邯郸、邢台、衡水、沧州等 13 个城市为对象，分别选取北京、天津 2015 年数据进行模型计算，数据来源于各地统计年鉴，计算出北京、天津与其他城市之间的经济联系度，并在此基础上，测算 13 个城市之间的经济隶属度。

（二）经济联系程度

京津冀地区经济联系程度实证结果显示，北京与天津的经济联系强度最强，高达 1282.44，远远高于与其他城市的联系强度，与廊坊的经济联系强度次之，在河北省的地级市中，与北京的经济联系强度大于 100 的只有廊坊和唐山，分别为 328 和 171.25。与其他城市的经济联系强度均小于 100，其中位于 10 ~ 100 的有 6 个城市，分别是石家庄、保定、张家口、沧州、秦皇岛、承德；而小于 10 的有 3 个城市，分别是邯郸、衡水、邢台。

从经济联系强度和隶属度（见表 4 - 5）来看，廊坊、唐山和保定作为环首都圈的重要城市，在接受首都经济辐射和产业合作方面占有了有利的先机。石家庄作为京津冀区域重要的二级中心城市所具有的经济实力，张家口作为北京的邻近城市和北京水源的上游，与北京在产业合作、生态合作等方面都有广阔的空间。其他一些城市在北京的对外经济联系中所占的比重较小，反映出北京对京津冀区域的扩散效应还不够强，大部分城市与北京的差距过大，发展比较滞后。

表 4 - 5　　　　　　　中心城市北京对其他城市的经济隶属度

隶属度	天津	廊坊	唐山	保定	石家庄	张家口	秦皇岛	沧州	承德	邯郸	衡水	邢台
北京	0.639	0.163	0.085	0.029	0.033	0.013	0.008	0.011	0.007	0.005	0.004	0.003

资料来源：作者计算。

天津与北京的经济联系强度最强，高达 1282.44，远远高于与其他城市的联系强度，与唐山的经济联系强度次之，在河北省的地级市中，与天津的经济联系强度大于 100 的只有唐山和廊坊，分别为 256.97 和 173.75。与其他城市的经济联系强度均小于 100，其中位于 10 与 100 之间的有 4 个城市，分别是沧州、石家庄、保定、秦皇岛；而小于 10 的有 5 个城市，分别是张家口、衡水、邯郸、承德、邢台。

从表 4 - 6 可知，天津对唐山、沧州、石家庄、廊坊的经济联系度和经济隶属度较高，尤其是对唐山，反映了天津与唐山同为京津冀区域重要的工业城市，彼此间的经济联系非常密切，产业合作互动程度较高。不过，天津对其他二、三级城市的经济辐射和扩散明显不足，反映出天津的增长极作用有待进一步提高。

表 4-6　　　　　　　　　中心城市天津对其他城市的经济隶属度

隶属度	北京	唐山	廊坊	沧州	保定	石家庄	秦皇岛	张家口	衡水	邯郸	承德	邢台
天津	0.682	0.137	0.092	0.025	0.017	0.024	0.007	0.004	0.004	0.003	0.003	0.002

资料来源：作者计算。

京津冀地区在经济联系程度方面相比，存在着明显差异和不足，形成这一现状，原因主要有以下几个方面：第一，行政区划分割导致种种区域壁垒，使得区域经济合作缺乏联系基础。北京从本身城市功能转化的角度来设定其发展战略，强调内部不同区域之间的协同发展；而天津则从自身的利益来考虑其发展战略。双方经济竞争的动机强烈，而开展互补性合作的动机有待加强，导致了生产要素难以跨地区优化组合，行政区划的分割带来的问题就是本区在谋求自身的单体发展，对于合作取向仍然有限。第二，市场机制作用范围过大，政府的市场调控退出过多，而且城市规模最大化加剧了城市之间的相互竞争，这些经济发展战略选择促进了区域不断走向非合作化。在从计划经济走向市场经济的转轨过程中，在经济调控方面，由计划为主向市场为主的调节机制转变。但是，我们在这一过程中，政府对市场的调控功能基本上完全退出了，形成了由市场机制作用决定经济发展的格局，这样市场机制的缺陷就不断显现出来，一方面市场经济的盲目性形成了区域经济的普遍雷同；另一方面循环积累因果效应加剧了地区经济发展不平衡。而且，地方政府在追求规模最大化的同时，也加剧了相互之间对项目、资金等方面的竞争。在这种经济背景下，在合作区域内部，各个区域都强调各自地位的重要性，难以形成资源共享的经济实体，整个区域的经济动力机制无法形成。第三，经济发展背景的雷同，政府激励机制的高度一致，促成了区域间的相互激烈竞争、地区间产业同构等静态格局形成。京津冀区域内部在一定程度上形成了区域之间的产业结构重叠、资源配置低效、市场竞争无序、资本效率低下和发展与环境矛盾扩大等静态经济格局。京津冀区域内经济联系程度差异较大，也能说明现在产业间协同程度不够，这也为彼此间增加协同提供了条件和基础。

第二节　生产性服务业发展现状

目前，京津冀生产性服务业发展的总体状况，如表4-7的指标所示。从总体上看，北京市生产性服务业在法人单位数、营业收入、从业人员相比较天津市、河北省都具有一定的优势。从法人单位数指标来看，天津市和河北省差距不是很大，北京市具有300359个，是前者的将近4倍；从全社会固定资产投资指标来看，河北省投入量最大，北京市次之，天津市最少；但是从营业收入指标来看，北京市是32084.94亿元，天津市次之，河北省最少为6289.87亿元；从业人员也是北京市最多，河北省次之，天津市最少。

表4-7　　　　　　　　　2015年京津冀生产性服务业其他指标对比

	法人单位数 （个）	全社会固定资产投资 （亿元）	营业收入 （亿元）	从业人员 （万人）
全国	2829663.00	192221.14	227164.90	7142.85
北京	300359.00	5232.50	32084.94	714.99
天津	81188.00	4712.56	8027.00	89.47
河北	81626.00	8272.72	6289.87	169.90

资料来源：2016年《中国统计年鉴》。

从具体的生产性服务业的产值上看三地规模和发展状况（见表4-8），北京市生产性服务业产值从2010年的7703.2亿元增加到2015年的13854.7亿元，是2010年的1.8倍，年均增速为13.3%。天津市生产性服务业产值从2009年的2734.34亿元增加到2015年的6347.89亿元，是2010年的2.32倍，年均增速为22.0%。河北省生产性服务业产值从2009年的3843.51亿元增加到2015年的8532.13亿元，是2010年的2.42倍，年均增速为20.3%。从整体来看，京津冀生产性服务业都实现了一定规模的增长，由于北京生产性服务基数较大，并且其生产性服务业发展进入较为成熟期，增长速度较比天津和河北省小。值得一提的是河北省，生产性服务业发展迅猛，尤其是围绕河北省主导产业的生产性服务发挥了较大作用，与制造业互动中，取得较快增长。

表 4 - 8 　　　　　　　　**2010～2015 年京津冀生产性服务业产值**　　　　单位：亿元

年份	北京	天津	河北
2010	7703.2	2734.34	3843.51
2011	8896.3	3424.85	4935.41
2012	10378.4	4240.84	6374.10
2013	11431.1	4932.25	7175.25
2014	12522.9	5767.81	7964.03
2015	13854.7	6347.89	8532.13

资料来源：2011～2016 年《北京统计年鉴》《天津统计年鉴》《河北统计年鉴》。

　　从生产性服务业聚集程度上看，我们使用区位熵的方法进行定量研究，并选取《城市统计年鉴》的全国数据进行分析，测度结果为京津冀三地分别在全国范围内所处的位置和水平。从表 4 - 9 可以看出，北京和天津的生产性服务业区位熵都大于 1，说明北京和天津生产性服务业集聚程度高于全国平均水平；而河北省的区位熵小于 1，河北省生产性服务业聚集程度低于全国平均水平。河北省与京津两地的差距在于：北京是政治中心、科技中心，是高端人才的聚集地、是要素充分流动的聚集地，拥有较高的集聚水平；天津是高端制造业的集聚地，并且拥有港口优势，形成物流的集散地，生产性服务业集聚效应凸显；但是无论从集聚水平还是从扩散效应来看，北京都远远高于天津。河北省生产性服务业的发展潜力巨大，源于京津冀协同发展政策、"环首都经济圈"和天津自贸区母城的扩散效应，"十三五"期间河北省生产性服务业和制造业的互动发展成为重要的经济引擎。

表 4 - 9 　　　　　　　**2015 年京津冀地区生产性服务业区位熵对比**　　　　单位：万人

地区	第三产业就业人数	生产性服务业就业人数	生产性服务业区位熵
北京	592.68	438.59	2.46
天津	133.63	47.35	1.06
河北	368.59	138.65	0.83

资料来源：2016 年《城市统计年鉴》。

一、北京市生产性服务业结构分析

依据生产性服务业的划分办法，将北京市生产性服务业分为如下八个细分领域，其中交通运输、仓储及邮电业产值从 2010 年的 556.6 亿元增加到 2015 年的 983.9 亿元，实现年均增长速度为 10.97%；信息传输、计算机服务和软件业产值从 2010 年的 1066.5 亿元增加到 2015 年的 2383.90 亿元，实现年均增长速度为 17.65%；批发和零售业产值从 2010 年的 1525 亿元增加到 2015 年的 2352.3 亿元，实现年均增长速度为 7.75%；住宿、餐饮业产值从 2010 年的 262.5 亿元增加到 2015 年的 397.6 亿元，实现年均增长速度为 7.35%；金融业产值从 2010 年的 1603.6 亿元增加到 2015 年的 3926.30 亿元，实现年均增长速度为 20.69%；房地产业产值从 2010 年的 1062.5 亿元增加到 2015 年的 1438.4 亿元，实现年均增长速度为 5.05%；租赁和商务服务业产值从 2010 年的 809.6 亿元增加到 2015 年的 1766.8 亿元，实现年均增长速度为 16.89%；科学研究、技术服务和地质勘察业产值从 2010 年的 816.9 亿元增加到 2015 年的 1820.6 亿元，实现年均增长速度为 17.55%。从增速来看，居前三位的是金融业，信息传输、计算机服务和软件业，科学研究、技术服务和地质勘察业。以上数据见表 4-10。

表 4-10　　　　　　北京市生产性服务业细分产业产值及增速　　　　单位：亿元

年份	交通运输、仓储及邮政业	信息传输、计算机服务和软件业	批发和零售业	住宿、餐饮业	金融业	房地产业	租赁和商务服务业	科学研究、技术服务和地质勘察业
2010	556.60	1066.50	1525.00	262.50	1603.60	1062.50	809.60	816.90
2011	712.00	1214.10	1888.50	317.30	1863.60	1006.50	953.20	941.10
2012	809.00	1493.40	2139.70	348.40	2215.40	1074.90	1162.10	1135.50
2013	816.30	1621.80	2229.80	373.10	2536.90	1244.20	1340.60	1268.40
2014	883.60	1749.60	2372.40	374.80	2822.10	1339.50	1536.60	1444.30
2015	983.90	2383.90	2352.30	397.60	3926.30	1438.40	1766.80	1820.60
年均增速	10.97%	17.65%	7.75%	7.35%	20.69%	5.05%	16.89%	17.55%

资料来源：2011~2016 年《北京统计年鉴》。

在图 4－1 中，北京市生产性服务业细分产业比重中位于前三位的是，金融业所占比重为 26%；信息传输、计算机服务和软件业所占比重为 16%；科学研究、技术服务和地质勘察业所占的比重为 16%。由此可见，北京市生产性服务业增长最快的均为新兴的生产性服务业。

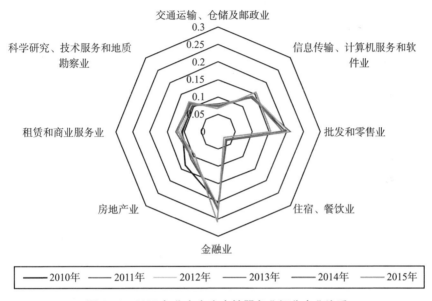

图 4－1　2015 年北京市生产性服务业细分产业比重

二、天津市生产性服务业结构分析

天津市生产性服务业的八个细分领域的产值中，交通运输、仓储及邮电业产值从 2010 年的 471.01 亿元增加到 2015 年的 720.72 亿元，实现年均增长速度为 8.84%；信息传输、计算机服务和软件业产值从 2010 年的 135.45 亿元增加到 2015 年的 220.49 亿元，实现年均增长速度为 10.46%；批发和零售业产值从 2010 年的 836.84 亿元增加到 2015 年的 1950.71 亿元，实现年均增长速度为 22.18%；住宿、餐饮业产值从 2010 年的 131.84 亿元增加到 2015 年的 230.28 亿元，实现年均增长速度为 12.44%；金融业产值从 2010 年的 461.2 亿元增加到 2015 年的 1422.28 亿元，实现年均增长速度为 34.73%；房地产业产值从 2010 年的 308.73 亿元增加到 2015 年的 550.86 亿元，实现年均增长速度为 5.05%；租赁和商务服务业产值从 2010 年的 152.88 亿元增加到 2015 年的 632.29 亿元，实现年均增长速度为 52.26%；科学研究、技术服务和地质勘察业产值从 2010 年的 236.39 亿元增加到 2015 年的 620.26 亿元，实现年均增长速度为 27.06%。从增速来看，居前三位的是租赁和商业服务业、金融业、科学研究、技术服务和地质勘察业。以上数据见表 4-11。

表 4-11　　　　　天津市生产性服务业细分产业产值及增速　　　　单位：亿元

年份	交通运输、仓储及邮政业	信息传输、计算机服务与软件业	批发和零售业	住宿、餐饮业	金融业	房地产业	租赁和商业服务业	科学研究、技术服务和地质勘察业
2010	471.01	135.45	836.84	131.84	461.2	308.73	152.88	236.39
2011	585.37	154.14	1090.68	157.66	572.99	377.59	211.83	274.59
2012	632.1	172.1	1463.89	194.52	756.5	411.46	277.57	332.7
2013	683.56	176.61	1680.33	222.18	1001.59	449.65	334.72	383.61
2014	675.02	196.14	1902.52	241.34	1202.04	519.37	520.73	510.65
2015	720.72	220.49	1950.71	230.28	1422.28	550.86	632.29	620.26
年均增速	8.84%	10.46%	22.18%	12.44%	34.73%	13.07%	52.26%	27.06%

资料来源：2011~2016 年《天津统计年鉴》。

从图 4-2 可知，2015 年天津市生产性服务业细分产业比重来看，居前三位的是：批发和零售业占 31%；金融业占 22%；交通运输、仓储及邮政业占 11%。可见天津市生产性服务业细分产业结构不合理，传统型产业占据大头，而新兴的生产性服务业如信息传输、计算机服务和软件业只占 3%。

三、河北省生产性服务业结构分析

对河北省 11 个市 2011~2015 年生产性服务业区位熵进行衡量，可以得出：(1) 2011~2015 年石家庄市、唐山市和秦皇岛三市生产性服务业聚集的整体水平明显高于其他 8 个市区，2015 年均有所下降。(2) 2015 年集聚程度大于 1 的为：邯郸市、邢台市、保定市、张家口市、沧州市、廊坊市。(3) 变化不太明显的是承德市、衡水市，且到 2015 年集聚程度均小于 1。(4) 呈上升趋势的是廊坊市、保定市，且到 2015 年集聚优势明显。

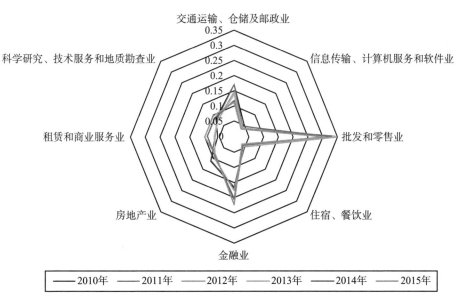

图 4 - 2 2015 年天津市生产性服务业细分产业比重

从总体来看，河北省在交通运输、仓储及邮政业、金融业、科学研究、技术服务和地质勘察业具有集聚优势，区位熵均大于1，具有规模优势的产业多数是传统型产业（见表4-12）。河北省各市区内纵向对比：（1）在传统生产性服务业交通运输、仓储及邮政业中石家庄市、唐山市、秦皇岛市、邯郸市具有一定的集聚优势；批发和零售业、住宿、餐饮业中均具有比较优势的是邯郸市、邢台市、张家口市；（2）在新兴生产性服务业信息传输、计算机服务与软件业中具有比较优势且比较突出的是廊坊市；科学研究、技术服务和地质勘察业中区位熵大于1的只有石家庄市、保定市和廊坊市；（3）金融业中区位熵大于1的市区比较多，但是石家庄市的金融业却没有形成集聚优势。河北省各市区横向比较：（1）在环首都圈的城市中廊坊市、保定市在新兴生产性服务业中具有相对优势，发展潜力较大；（2）石家庄市、唐山市、秦皇岛市在传统生产性服务业中具有相对比较优势；（3）邢台市、沧州市、衡水市、邯郸市、张家口市、承德市中优势不明显，应进一步加大生产性服务业的发展。

表 4 – 12　　　　　　　　　　2015 年河北省生产性服务业细分行业区位熵

地区	交通运输、仓储及邮政业	信息传输、计算机服务与软件业	批发和零售业	住宿、餐饮业	金融业	房地产业	租赁和商业服务业	科学研究、技术服务和地质勘察业
河北省	1.14	0.78	0.88	0.52	1.59	0.80	0.93	1.14
石家庄市	1.25	1.01	0.93	0.95	0.83	0.70	1.05	1.15
唐山市	1.18	0.62	1.33	0.66	0.90	1.13	1.07	0.39
秦皇岛市	1.71	1.01	0.65	1.12	0.95	1.07	0.63	0.60
邯郸市	1.16	0.77	1.01	1.03	1.02	0.79	1.13	0.78
邢台市	0.54	1.04	1.31	1.39	1.24	1.30	0.51	0.75
保定市	0.62	0.76	1.04	0.88	1.05	0.91	0.47	2.33
张家口市	0.76	1.11	1.03	1.78	0.94	1.60	0.81	0.88
承德市	0.82	1.13	0.84	1.23	1.52	0.75	0.74	0.93
沧州市	0.78	0.70	0.77	0.75	1.16	0.89	2.60	0.41
廊坊市	0.49	1.67	0.68	1.09	0.79	1.86	1.14	1.28
衡水市	0.99	1.17	1.36	0.95	1.28	0.83	0.33	0.47

资料来源：2016 年《城市统计年鉴》。

第三节　制造业发展现状

　　京津冀制造业产值在"十二五"期间，比"十一五"末均实现了一定的增长（见表 4 – 13）。北京制造业产值 2015 年比"十一五"末的 2010 年增长了 0.256 倍；天津制造业产值 2015 年比"十一五"末的 2010 年增长了 0.712 倍；河北制造业产值 2015 年比"十一五"末的 2010 年增长了 1.46 倍。从增长速度来看，河北省的增速最快，从总产值绝对值来看，制造业产值总体高于北京、天津。

表 4 – 13　　　　　　　　2010～2015 年京津冀制造业产值　　　　　　单位：亿元

地区	2010 年	2011 年	2012 年	2013 年	2014 年	2015 年
北京市	10311.62	10431.53	10735.72	12968.61	12091.27	12955.31
天津市	13799.44	15359.31	17041.82	19549.36	22320.37	23619.15
河北省	16373.85	18917.17	21219.36	22688.13	38679.8	40290.38

资料来源：2016 年《城市统计年鉴》。

一、北京制造业结构分析

北京制造业细分部门中，产值最高的是交通运输设备制造业，其次是计算机、通信和其他电子设备制造业，位居第三名的是石油加工、炼焦和核燃料加工业。按照前文制造业的分类中，位居前二名的都是高技术制造业。从图4-3中，北京制造业的结构比例是：高技术制造业占57%、中技术制造业占32%、低技术制造业占11%。高技术制造业占据北京制造业的优势产业，这种结构体现了北京处于后工业时代的特征。

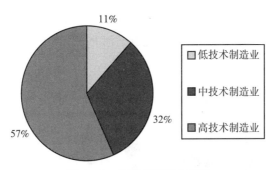

图4-3　北京市制造业结构

二、天津制造业结构分析

天津制造业细分部门中，产值最高的是黑色金属冶炼和压延加工业，其次是计算机、通信和其他电子设备制造业，位于第三的是交通运输设备制造业。按照前文制造业的分类中，产值居首位的是中技术制造业。图4-4中，天津制造业的结构比例：中技术制造业占60%、高技术制造业占32%、低技术制造业占8%。中技术制造业天津市制造业中占比最高，与天津市定位打造高端制造业基地仍存在差距，需提升高级制造业的服务水平和能力，进而提升竞争力。

三、河北省制造业结构分析

河北省制造业细分部门中，产值最高的是黑色金属冶炼和压延加工业，其次是化学原料及化学制品制造业，居第三的是交通运输设备制造业。同时可以看出

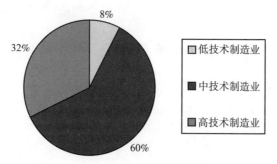

图4-4　天津市制造业结构

有色金属冶炼和压延加工业在2011年后产值急剧下滑。从图4-5河北省制造业结构中可以看出，中技术制造业占66%、低技术制造业占21%、高技术制造业占13%。这种比例结构极为不合理，这也是河北省需要破解的"瓶颈"。

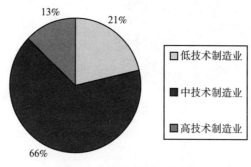

图4-5　河北省制造业结构

第四节　生产性服务业与制造业协同存在的问题

一、制造业产业存在同构现象

产业同构问题是区域经济发展研究的重要议题，用于分析区域内不同产业主体的不同定位与产业布局优化。本书选用产业结构相似系数和区位熵两个指标对京津冀产业同构情况进行静态和动态的全方位分析，产业结构相似系数主要分析区域间的产业同构现状，是静态分析的一种方法。区位熵方法是一种动态分析方法，以进一步分析产业内部细分领域的状况，分析产业同构产生的结构性问题。

在具体分析中使用统计年鉴中按行业划分的规模以上企业工业总产值为单位，来计算制造业产业结构相似系数和区位熵。在制造业的分类中，由于北京市统计年鉴中缺少烟草制品业的数据，给予剔除，所以选取制造业八大细分领域的26个产业为口径来计算。通过测算可知（如表4–14所示），北京和天津的产业结构一直很相似，自2010年以来保持在0.7以上，两者的制造业结构相似系数一致比较高，从2013年以来出现略微下降的趋势，但二者之间产业同构问题比较严重，究其原因，主要由于二者在资源结构、文化环境、地方制度等因素具有相似性，二者之间的相互竞争，造成了趋同问题，并在短时期难以有较大改变。从2011年以来，天津与河北的制造业结构相似系数保持在0.7以上，且有不断上升的趋势，到2015年结构相似系数高达0.841，天津与河北两地制造业结构相似系数一直处于上升趋势，这也是协调好津冀关系，定位好各自的发展路径和模式，协同好生产性服务业与制造业的关键。京冀地区的制造业结构相似系数一直都在低位徘徊，2015年北京与河北的制造业结构相似系数为0.327，很明显不存在严重的产业同构问题。通过测算可知，津冀地区制造业产业同构程度大于京津和京冀，这也是京津冀协同发展继续破解的难题。

表4–14　　　　　　　　　　京津冀制造业结构相似系数

地区间	2010年	2011年	2012年	2013年	2014年	2015年
北京—天津	0.778	0.740	0.736	0.722	0.718	0.708
天津—河北	0.315	0.326	0.784	0.819	0.823	0.841
北京—河北	0.313	0.256	0.250	0.316	0.318	0.327

资料来源：2011~2016年《北京统计年鉴》《天津统计年鉴》《河北统计年鉴》。

为了进一步动态分析行业微观层面的结构趋同问题，采用区位熵衡量区域内部各地区工业行业的集聚程度，分析制造业产业同构存在于哪些细分产业，由此，作为京津冀产业布局和协同发展调整的分析基础。使用区位熵进行测算，所使用的数据是2015年制造业26个行业的工业总产值，计算京津冀地区各制造业的区位熵见表4–15。

表 4－15　　　　　　　　　京津冀地区制造业细分行业区位熵

行业（区位熵）	北京	天津	河北
农副食品加工业	0.36	0.52	0.80
食品制造业	0.83	2.55	1.08
酒、饮料和精制茶制造业	0.69	0.43	0.68
纺织业	0.03	0.10	1.04
纺织服装、服饰业	0.39	0.61	0.46
皮革、毛皮、羽毛及其制品和制鞋业	0.05	0.16	2.13
木材加工和木、竹、藤、棕、草制品业	0.06	0.05	0.44
家具制造业	0.64	0.47	0.73
造纸和纸制品业	0.28	0.66	0.87
印刷和记录媒介复制业	1.06	0.53	1.09
文教、工美、体育和娱乐用品制造业	0.33	1.12	0.50
石油加工、炼焦和核燃料加工业	1.23	1.10	1.10
化学原料和化学制品制造业	0.25	0.69	0.71
医药制造业	1.71	0.83	0.76
化学纤维制造业	0.02	0.09	0.26
橡胶和塑料制品业	0.22	0.70	0.96
非金属矿物制品业	0.50	0.25	0.79
黑色金属冶炼和压延加工业	0.11	2.41	3.73
有色金属冶炼和压延加工业	0.09	0.73	0.28
金属制品业	0.50	1.33	1.72
通用设备制造业	0.69	0.90	0.68
专用设备制造业	1.00	1.26	0.93
交通运输设备制造业	2.81	1.36	0.67
电气机械和器材制造业	0.65	0.66	0.68
计算机、通信和其他电子设备制造业	1.68	1.35	0.12
仪器仪表制造业	0.24	0.04	0.03

资料来源：2016 年《北京统计年鉴》《天津统计年鉴》《河北统计年鉴》。

由表 4－15 可知，北京的优势制造业按区位熵值大于 1，且大小顺序为交通运输设备制造业、医药制造业、计算机、通信和其他电子设备制造业、石油加工、炼焦和核燃料加工业、印刷和记录媒介复制业、专用设备制造业；天津的优势制造业按区位熵值大于1，且大小顺序为食品制造业、黑色金属冶炼和压延加工业、交通运输设备制造业、计算机、通信和其他电子设备制造业、金属制品业、专用设备制造业、文教、工美、体育和娱乐用品制造业、石油加工、炼焦和核燃料加工业；河北的优势制造业按区位熵值大于1，且大小顺序为黑色金属冶炼和压延加工业、皮革、毛皮、羽毛及其制品和制鞋业、金属制品业、石油加工、炼焦和核燃料加工业、印刷和记录媒介复制业、纺织业。天津和北京的优势行业中区位熵均大于1的是交通运输设备制造业、计算机、通信和其他电子设备制造业、专用设备制造业，主要为技术密集型行业，计算机、通信和其他电子设备制造业为代表的知识技术密集型行业；交通运输设备、专用设备为代表的技术资本密集型行业。天津和河北的优势行业中区位熵均大于1的是黑色金属冶炼和压延加工业、金属制品业、石油加工、炼焦和核燃料加工业，属于资源加工型产业，津冀地区地处环渤海地区，在各区域加工制造业比较发达的情况下，自然对资源的消耗数量大，出现产业同构也属于正常现象。总之，京津地区制造业的产业同构主要集中在技术密集型产业和高端制造业，津冀地区制造业的产业同构主要集中在低技术型资源加工型产业。

二、生产性服务业梯度差异明显

为了分析京津冀生产性服务业发展状况，论文使用区位熵分析京津冀生产性服务业的发展现状，以及京津冀的发展关系，根据测算结果，将京津冀生产性服务业及细分行业划分为两个梯度。首先，从生产性服务业整体来看，其中第一梯度中北京市、天津市占有绝对优势，生产性服务业总的区位熵分别达到2.46和1.86，由此可见，京津两地围绕其主导制造业，在全国范围内生产性服务业进入一个较高水平。环首都经济圈的保定市、廊坊市、沧州市也表现出了相对优势，区位熵分别为1.8、1.85、1.84。

表4-16　　　　　　　京津冀生产性服务业及细分行业区位熵

地区	生产性服务业	交通运输、仓储及邮政业	信息传输、计算机服务与软件业	批发和零售业	住宿、餐饮业	金融业	房地产业	租赁和商业服务业	科学研究、技术服务和地质勘察业
北京市	2.46	0.33	2.35	0.71	0.10	2.49	0.75	0.43	1.72
天津市	1.86	0.54	0.31	1.26	0.14	2.30	0.68	1.35	0.78
河北省	0.83	1.14	0.78	0.88	0.52	1.59	0.80	0.93	1.14

地区	生产性服务业	交通运输、仓储及邮政业	信息传输、计算机服务与软件业	批发和零售业	住宿、餐饮业	金融业	房地产业	租赁和商业服务业	科学研究、技术服务和地质勘察业
石家庄市	0.98	1.25	1.01	0.93	0.95	0.83	0.70	1.05	1.15
唐山市	0.22	1.18	0.62	1.33	0.66	0.90	1.13	1.07	0.39
秦皇岛市	0.62	1.71	1.01	0.65	1.12	0.95	1.07	0.63	0.60
邯郸市	1.28	1.16	0.77	1.01	1.03	1.02	0.79	1.13	0.78
邢台市	1.40	0.54	1.04	1.31	1.39	1.24	1.30	0.51	0.75
保定市	1.90	0.62	0.76	1.04	0.88	1.05	0.91	0.47	2.33
张家口市	1.37	0.76	1.11	1.03	1.78	0.94	1.60	0.81	0.88
承德市	0.58	0.82	1.13	0.84	1.23	1.52	0.75	0.74	0.93
沧州市	1.84	0.78	0.70	0.77	0.75	1.16	0.89	2.60	0.41
廊坊市	1.85	0.49	1.67	0.68	1.09	0.79	1.86	1.14	1.28
衡水市	0.80	0.99	1.17	1.36	0.95	1.28	0.83	0.33	0.47

资料来源：作者计算。

从区位上看，处于第二梯度的石家庄市、衡水市、承德市距离北京相对较近，其区位熵并没有达到平均水平，同时，距离天津较近的唐山市、秦皇岛市，其区位熵同样比较低，生产性服务业集聚水平不高。由此可见，北京、天津生产性服务业的辐射力还没有充分发挥。河北省各地区生产性服务业差异明显，京津冀地区生产性服务业存在明显梯度。京津冀生产性服务业产业梯度划分见表4-17。

表4-17   京津冀生产性服务业产业梯度划分

梯度	城市
第一梯度（生产性服务业区位熵>1）	北京市、天津市、邯郸市、邢台市、保定市、张家口市、沧州市、廊坊市
第二梯度（生产性服务业区位熵<1）	石家庄市、唐山市、秦皇岛市、承德市、衡水市

从生产性服务业细分行业来看，将信息传输、计算机服务和软件业和科学研究、技术服务和地质勘察业作为优势产业的，划分为高梯度；将金融业、租赁和商业服务业作为优势产业的，划分为中梯度；将交通运输、仓储及邮政业等其他

传统型生产性服务业作为优势产业的，划分为低梯度（李秉强，2014）[201]。从表4-18中可以看出北京处于高梯度，其优势产业主要来源于知识和技术要素的驱动；天津处于中梯度，其优势产业主要来源于资本要素的驱动；河北省大部分地级市处于低梯度，其优势产业主要来源于劳动力要素的驱动。

表4-18　　　　　　　　京津冀生产性服务业细分行业梯度划分

优势产业	城市	产业梯度
信息传输、计算机服务和软件业；科学研究、技术服务和地质勘察业	北京市、廊坊市	高梯度
金融业、租赁和商业服务业	天津市、邯郸市、沧州市	中梯度
其他传统型生产性服务业	石家庄市、唐山市、秦皇岛市、承德市、邢台市、保定市、张家口市	低梯度

产业之间存在梯度差异，是产业间进行转移的前提，也为加强协同发展提供合作空间。通过以上分析，京津冀生产性服务业之间存在着明显差异，并且由于政府作用、行政壁垒、经济发展水平、产业结构等因素，作为首都的北京和北方经济中心的天津集合了大量的政策资源、社会服务资源，聚集了并且大量的企业、人才和科技资源，"虹吸"效应明显。而河北省长期处于支持京津发展的服务地位。"产业梯度转移理论"在京津冀三地之间处于长期失灵的状态（殷阿娜，2016）[202]。

京津冀一体化首要问题是产业协同发展，尤其是生产性服务业与制造业的协同发展，从前文分析可以看出，京津冀都市圈及各地区之间生产性服务业存在产业梯度，制造业存在产业同构现象，并且各地区生产性服务业与制造业各有比较优势。为了实现两大产业跨区域协同发展，实现跨区域分工与合作，需要在京津冀地区之间的一体化程度比较高，市场壁垒较小，市场交易效率较高的条件进行，最终实现区域内各城市之间的产业结构互补、市场开放程度扩大、信息与技术资源共享，从而降低整个区域内企业之间的交易成本，提升京津冀整体的国际竞争力。具体产业协同策略上，需要对京津冀产业发展状况进行深入分析，依据产业现实情况，可以考虑从以下几个方面进行深入研究：如何解决制造业的产业同构问题；如何合理优化产业空间布局，形成产业错位发展，区域间优势互补；如何在制造业主导产业集聚形成下，合理疏导生产性服务业梯度类型，加强产业间关联与相互嵌入，打造由低端向高端演进的价值链；如何强化企业间知识关联，增加创新要素流动，形成创新活力。

为此，提出京津冀生产性服务业与制造业协同发展的相关问题，具体而言，需要探讨两大产业协同发展的特征、协同度测度及影响协同发展的因素、策划协同发展实现路径等。由于"产业梯度转移理论"在京津冀三地之间处于长期失灵的状态，为了对以上问题进行深入研究，提出以下几个方面的研究设计。

设计一：京津冀都市圈及各地区之间有良好的交通体系和基础设施网络，空间一体化程度较高。

设计二：京津冀都市圈及各地区之间劳动、资本和技术是自由流动的，市场化程度较高。

设计三：京津冀都市圈及各地区之间产业分工明确，产业互补优势明显，存在产业转移的基础。京津冀产业互补性如图 4-6 所示。

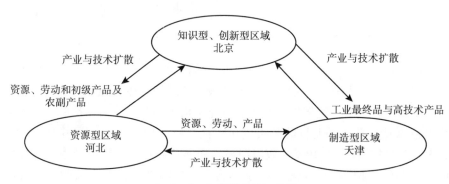

图 4-6 京津冀产业互补性

从图 4-6 中可以看出，北京是知识型、创新型区域，其通过产业与技术扩散向天津、河北输送资源；天津是高端制造业基地，在"三区一基地"的定位下，天津在高端制造具有优势产业，并将工业最终品和高技术产品反向回馈给北京地区，同时也会将产业与技术扩散到河北地区；河北则是资源型区域，主要以资源、劳动和初级产品及农副产品，在资源、劳动、产品方面反向输送到北京、天津区域。由此可见京津冀产业分工明确，产业也存在互补优势，满足设计三。

第五节　本章小结

京津冀区域经济发展存在不平衡的状况，北京已进入后工业化阶段，天津处于第二产业尤其是现代制造业和物流业快速发展时期,而河北省正处于产业转型升级阶段。从经济联系上看,北京与天津经济联系强度最强,远远高于其他地区。由此可知,京津冀一体化存在严重的发展不平衡,这也为产业协同发展提供了互补和合作的可能。

首先,从生产性服务业发展来看,北京和天津生产性服务业集聚程度高于全国平均水平,河北省生产性服务业聚集程度低于全国平均水平。北京生产性服务业增长最快的为新兴生产性服务业,如金融业、信息传输、计算机服务和软件业以及科学研究、技术服务和地质勘察业;天津优势生产性服务业为批发和零售业、金融业、交通运输、仓储及邮政业;河北省在交通运输、仓储及邮政业、金融业、科学研究、技术服务和地质勘察业具有集聚优势。

其次,从制造业发展来看,北京制造业产值最高的三类是交通运输设备、计算机、通信和其他电子设备业以及石油加工、炼焦和核燃料加工业;天津制造业产值最高的是黑色金属冶炼和压延加工业、计算机、通信和其他电子设备制造业以及交通运输设备制造业;河北省产值最高的是黑色金属冶炼和压延加工业、化学原料及化学制品制造业以及交通运输设备制造业。

最后,提出京津冀生产性服务业与制造业协同发展中存在制造业同构现象较为严重,北京和天津、天津和河北分别在不同制造领域存在一定的同构问题,京津冀生产性服务业存在较为明显的梯度差异。在此背景下,如何实现京津冀制造业与生产性服务业协同发展成为重要的议题,为了深入研究该问题,进行了三个方面的研究设计。

第三篇

京津冀生产性服务业与制造业协同发展实证研究

第五章

京津冀生产性服务业与制造业协同的特征分析

经前文文献梳理可知，有关京津冀地区生产性服务业与制造业的区域协同发展的研究成果还不够丰富，需要实证分析京津冀生产性服务业与制造业协同的性质特征。梳理协同机制模型是分析生产性服务业与制造业协同性质特征的前提和基础，为此，首先从协同演化博弈、协同机制模型结构分析等方面全面梳理协同机制模型。其次，通过定量分析方法，以 1996～2015 年间京津冀生产性服务业与制造业的产值、就业人数等数据为样本，采用协整与误差修正模型和向量自回归模型（VAR），对协同性质进行系统分析。最后，利用投入产出表对细分行业产业关联特征进行分析。

第一节　产业协同特征的机制模型

一、产业协同的演化博弈分析

（一）模型的假设

（1）博弈过程中的主体为制造业企业和生产性服务业企业，这些企业具有独立决断进入与退出行为能力。两行业之间并非相互没有关系，它们进入可以有先后顺序相互参考。采取的策略也是满足有限理性，且相互影响，互相反应。

（2）在博弈个体中，制造业和生产性服务业企业的策略均为进入和不进入该区域，设制造业企业进入该区域和不进入的比例为 x（x 在 $0 \sim 1$）、$1 - x$，同样，服务业企业选择进入该区域和不进入的比例为 y（y 在 $0 \sim 1$）、$1 - y$。x 和 y 均为时间 t 的函数。

（3）制造业企业与生产性服务业企业选择不同的策略后所得到收益为 n_1，n_2，n_3，n_4，m_1，m_2，m_3，m_4，（收益可为负数），得益矩阵如图 5 - 1 所示。

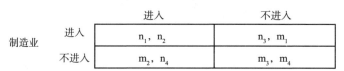

生产性服务业

		进入	不进入
制造业	进入	n_1, n_2	n_3, m_1
	不进入	m_2, n_4	m_3, m_4

图 5 - 1 生产性服务业与制造业进化博弈的得益矩阵

（二）进化博弈过程

制造业企业进入的期望得益 u_{1e}、不进入的期望得益 u_{1f} 和群体平均得益 $\overline{u_1}$ 分别为

$$u_{1e} = yn_1 + (1 - y)n_3 = n_1 y - n_3 y + n_3;$$

$$u_{1f} = ym_2 + (1 - y)m_3 = m_2 y - m_3 y + m_3;$$

$$\overline{u_1} = xu_{1e} + (1 - x)u_{1f} = x(n_1 y - n_3 y + n_3) + (1 - x)m_2 y - m_3 y + m_3。$$

生产性服务业企业进入的期望得益 u_{2e}、不进入的期望得益 u_{2f} 和群体平均得益 $\overline{u_2}$ 分别为

$$u_{2e} = xn_2 + (1 - x)n_4 = n_2 x - n_4 x + n_4;$$

$$u_{2f} = xm_1 + (1 - x)m_4 = m_1 x - m_4 x + m_4;$$

$$\overline{u_2} = yu_{2e} + (1 - y)u_{2f} = y(n_2 x - m_2 x + n_4) + (1 - y)(m_1 x - m_4 x + m_4)。$$

那么，处于制造业位置博弈，其博弈方类型比例的复制动态方程为：

$$\frac{d_x}{d_t} = x(u_{1e} - \overline{u_1}) = x(1 - x)[(n_1 + m_2 - n_3 - m_3)y + n_3 + m_3] \quad (5.1)$$

处于生产性服务业位置博弈，其博弈方类型比例的复制动态方程为：

$$\frac{d_y}{d_t} = y(u_{2e} - \overline{u_2}) = y(1 - y)[(n_2 + m_1 - n_4 - m_4)x + n_4 + m_4] \quad (5.2)$$

（1）分析式（5.1），如果 $y=\dfrac{n_3+m_3}{n_3+m_3-n_1-m_2}$，那么 $\dfrac{d_x}{d_t}$ 始终为 0，意味着所有 x 水平都是稳定状态。如果 $y\neq\dfrac{n_3+m_3}{n_3+m_3-n_1-m_2}$，则 $x^*=0$ 和 $x^*=1$ 是两个稳定状态，其中 $y>\dfrac{n_3+m_3}{n_3+m_3-n_1-m_2}$ 时，$x^*=1$ 是 ESS，$y<\dfrac{n_3+m_3}{n_3+m_3-n_1-m_2}$ 时，$x^*=0$ 是 ESS。

（2）分析式（5.2），如果 $x=\dfrac{n_4+m_4}{n_4+m_4-n_2-m_1}$，那么 $\dfrac{d_y}{d_t}$ 始终为 0，意味着所有 y 水平都是稳定状态。如果 $x\neq\dfrac{n_4+m_4}{n_4+m_4-n_2-m_1}$，则 $y^*=0$ 和 $y^*=1$ 是两个稳定状态，其中 $x>\dfrac{n_4+m_4}{n_4+m_4-n_2-m_1}$ 时，$y^*=1$ 是 ESS，$x<\dfrac{n_4+m_4}{n_4+m_4-n_2-m_1}$ 时，$y^*=0$ 是 ESS。

（3）把式（5.1）和式（5.2）复制动态的关系，在以两个比例为坐标的平面图上表示出来，如图 5-2 所示。

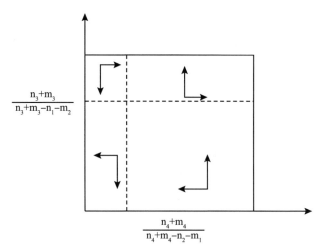

图 5-2　生产性服务业和制造业两博弈方群体复制动态和稳定性

（三）博弈结果分析

（1）在有限理性下进行此博弈的企业进化结果为同进同退。即"生产性服务业进，制造业进""生产性服务业不进，制造业不进"。这也正是和二者之间的相互融合、达到协同的关系相吻合。

（2）制造业份额与生产性服务业集聚水平呈现正相关。生产性服务业与制造业之间形成上下游产业，制造业为生产性服务业提供需求，而生产性服务业为制造业提供中间投入。制造业份额越大，产业、资源越可以得到有效配置，运输成本、平均成本降低，产生规模经济。

（3）知识外溢程度对生产性服务业与制造业集聚规模产生影响。知识外溢受空间布局的限制并需要创新作为源泉。生产性服务业企业倾向于在教育水平高、创新能力强的地区选址，在这里企业能以更低的代价分享成果。

（4）若生产性服务业与制造业完全集聚在某一区域内，将产生反向副作用。主要表现在区域内竞争加剧，管理成本上升，进而导致规模不经济。

二、产业协同机制模型构建

（一）协同机制模型构建的思路

构建京津冀两大产业协同机制模型，需要对协同目标进行评估，根据评估结果，为整个系统的输入量增加反馈量，调节整个系统的输入，以达到输出协同目标的优化。协同机制模型构建后，协同系统应该能够实现自我发展，对外界的依赖程度比较低，形成一个可调节的自适应系统。一是协同机会识别，包括考虑京津冀信息差与互联网经济要素等，寻找京津冀协同系统中的协同机会；二是协同系统中间要素协同价值判断，通过对协同系统的中间变量的协同价值判断，用以比较各个要素对于协同的贡献程度，保证协同过程的顺利进行；三是序参数的选择，通过对各中间变量的评判，结合识别的协同机会，明确对协同系统影响最大的主宰参量——序参数；四是协同目的的对比，协同结果与协同目标对比，形成反馈信息；五是对序参数的管理，序参数作为协同系统的输入变量，需要为实现协同目标进行微调，调节变量为反馈信息和政府政策及资金，这种微调属于序参量管理的范畴，目的是能作为系统输出的协同结果能够无限接近设定的协同目标。

（二）京津冀两大产业协同机制模型

根据协同机制模型构建思路，可以构建出以协同系统本源思想为基础的系统模型，该模型的特点是以协同序参数的选择与管理作为主线的。选择知识流和信息流作为京津冀两业协同发展的新序参数，已经明确了京津冀生产性服务业与制造业协同发展的方向，北京发展高端服务业、天津发展中高端服务业及高端生产、河北定位中低端服务业、生产制造及资源产业。因此，协同目标成为使产业链条各环节能够以序参数为指挥棒，做到协同发展，使整个产业在分工有序的状态下良好运转（见图5-3）。

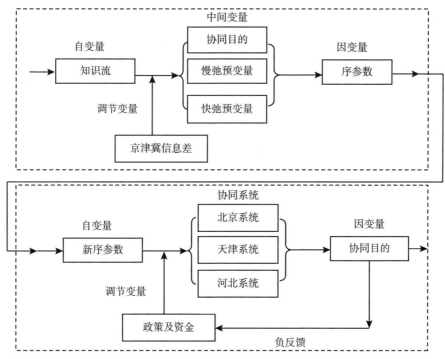

图 5 - 3　京津冀两业协同机制负反馈控制系统模型

构建京津冀两业协同机制负反馈控制系统模型，对所选序参数的管理要遵从以下几条原则：（1）在京津冀两业协同系统处于临界状态时，要创造良好条件。当即将发生显著变化的临界状态时，要为新序参数给予政策和资金的支持，使其朝着京津冀两业协同系统向规划所期望的同一方向发生变化；（2）在京津冀两业协同系统处于临界点附近时，要通过控制产量的变化，采取撬动信息平台，促进知识流转化等方式，来调节各子系统向规划预期的方向演进，朝着协同机制完善的方向发展；（3）在京津冀两业协同系统朝着预期方向发展，进一步强化信息和互联网的序参量，使平台产生自组织效应，达到新的稳定有序。（4）对协同结果进行评估，依照反馈信息，为序参数设置调节量，达到矫正系统输出结果的目的。

三、产业协同机制模型结构分析

前文已论证了制造业和生产性服务业可以形成一个相互制约、相互联系的系统结构，与外部社会经济环境、国家政策导向等有着紧密的联系，可以用系统动力学模型分析产业协同演化机制。系统动力学主要研究复杂系统中信息反馈行为的计算机仿真法，并且复杂系统是非稳定、非平衡且动态变化的过程系统，用系统动力学模型对产业协同演化机制进行分析。京津冀都市圈内生产性服务业与制造业系统边界内外部示意图见图5-4。

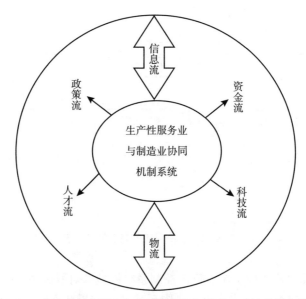

图5-4 京津冀都市圈内生产性服务业与制造业系统边界内外部

1. 系统边界确定与系统结构分析

京津冀都市圈下生产性服务业与制造业是在分工关系前提下，相互作用、相互依赖、共同发展的一种动态内在联系，并形成一个系统。系统内部因素是动态、相互影响的，只有内在因素相互协调好，系统才能良性协调地发展。前文分析可知主要联系两者的内部因子有信息技术、金融服务、科技研发、物流仓储、人才流动和政策支持，通过联结系统的内部和外部环境，建立系统动力学模型。

2. 信息技术子系统

信息技术产生带来了服务的远程化和城市之间虚拟关系。在城市之间虚拟关系的紧密下，产业在地理分布上也会出现相应的改变。主要体现在制造业会朝着劳动力成本较低、地租较低、税收优惠的城市的边缘移动；生产性服务业则更加注重人才、资金、信息的获取。京津冀都市圈内，北京具有集聚高校、科研机构、培训机构和管理咨询机构的优势，其与天津市、河北省及其省内各市县呈现梯级层次分布。

3. 金融服务子系统

金融服务子系统主要是资金分配和资金流入对企业产生影响，进而影响两大产业系统内部的稳定性。资金的流入对企业之间竞争和对产品的影响，最终又影响了都市圈内两大产业系统。

4. 人才流动子系统

人才流动子系统是推动系统内部人力资源的流动和成长的子系统。可以利用系统内外的专业人才、科研机构、教育培训机构、政府等方式，鼓励和影响系统的改变。比如北京市生产性服务业是高度专业化的知识密集型、技术密集型产业，对人才的需求较高。

5. 科技创新子系统

科技创新子系统产业内部各企业的上游关联企业和下游关联企业等以一些正式和非正式的交流，以竞争合作、信任关系等为基础，形成能够推动技术创新的产生、传播、溢出和扩散的相对稳定的系统。

6. 物流仓储子系统

信息技术促进了电子商务的萌芽和发展，对传统的销售模式产生了冲击，物流仓储子系统在新的形势下尤为重要。物流仓储从性质上属于生产性服务业，物流成为产品质量与评价中的组成部分。

7. 政策支持子系统

政策支持在产业融合中起主导作用。政府可以采取一系列措施，防止各个城市之间的盲目建设、资源浪费和恶性竞争，这也促进了都市圈内的生产性服务业与制造业合理分布。政府通过放松企业进出壁垒、增强竞争性、完善知识产权保护体系、加大科技研发力度等，创造出宽松的政策环境和制度环境，促进产业融合与协同。

第二节　区域内生产性服务业与制造业协同特征

本书选取 1996~2015 年京津冀生产性服务业与制造业产值进行计量分析，所选用数据均来自《北京统计年鉴》《天津统计年鉴》《河北省统计年鉴》，并经过整理计算而得。其中制造业产值是根据前文制造业 26 个细分行业的产值进行加总而得。生产性服务业产值也是按照前文划分的八大行业即：交通运输、仓储和邮政业，信息传输、计算机服务和软件业，批发与零售业，住宿与餐饮业，金融业，房地产业，租赁和商务服务业，科学研究、技术服务和地质勘探业各自产值加总而得。河北省生产性服务业在统计年鉴中无法直接获得，根据相关资料以就业人数代替产值。

选取北京生产性服务业产值（PX_1）和制造业产值（Y_1），天津生产性服务业产值（PX_2）和制造业产值（Y_2），河北省生产性服务业产值（PX_3）和制造业产值（Y_3）作为变量，为了消除异方差，对各变量数据取对数，使得数据会更加的平稳，因此，在后续的实证分析中，对上述各变量均采取了对数化处理，本章将构建以下三个模型来进行实证分析。

模型 1：北京生产性服务业与制造业互动性分析。

选取北京生产性服务业产值 PX_1 与制造业产值 Y_1 作为内生变量，运用单位根检验、格兰杰因果关系检验，协整检验对这两个变量之间的计量关系进行较为全面的分析，在此基础上建立向量误差修正模型（VECM）对二者之间的动态关系进行实证分析；

模型 2：天津生产性服务业与制造业互动性分析。

选取天津生产性服务业产值 PX_2 与制造业产值 Y_2 作为内生变量，实证分析过程同模型 1。

模型 3：河北省生产性服务业与制造业互动性分析。

选取河北省生产性服务业产值 PX_3 与制造业产值 Y_3 作为内生变量，实证分析过程同模型 1。

一、北京两产业的长期均衡与短期波动

（一）序列平稳性检验

首先采用 ADF 检验法对 $lnPX_1$ 和 lnY_1 这两个变量进行平稳性检验，为避免

出现伪回归，在对时间序列数据进行协整检验前必须检验各时间序列的平稳性，从而确保各时间序列是同阶单整的，否则协整检验可能会发生错误。由 ADF 检验结果可知（见表 5-1），变量 lnPX₁ 和 lnY₁ 均是一阶单整关系。

表 5-1　　　　　　　　　序列平稳性检验结果（北京）

项目	变量	检验类型	ADF	1%临界值	5%临界值	P-值	结论
水平项	ln（PX₁）	(C, T, 4)	-1.2161	-4.4983	-3.6584	0.8790	不平稳
	ln（Y₁）	(C, T, 4)	-2.3513	-4.5326	-3.6736	0.3899	不平稳
一阶差分项	dln（PX₁）	(C, T, 4)	-4.7060	-4.5326	-3.6736	0.0072	平稳
	dln（Y₁）	(C, T, 4)	-3.8447	-4.5326	-3.6736	0.0366	平稳

注：检验形式中的 C 代表有常数项；T 代表没有时间趋势项；数字代表滞后阶数。

（二）格兰杰因果关系检验

为了检验变量之间是否存在明显的因果关系，对 lnPX₁1 和 lnY₁ 进行了格兰杰因果检验，结果见表 5-2。由检验结果可知，在 5% 的显著性水平下，北京制造业不是引起其生产性服务业变化发展的原因，而北京生产性服务业是引起其制造业变化发展的原因。说明，北京生产性服务业在提高其制造业部门效率、促进制造业发展的同时，对北京"三二一"产业结构优化调整起到了推动作用。

表 5-2　　　　　　　　格兰杰因果检验结果（北京）

原假设	F 统计量	P 值
lnY₁ 不是引起 lnPX₁ 变化的格兰杰原因	0.71972	0.5041
lnPX₁ 不是引起 lnY₁ 变化的格兰杰原因	7.26954	0.0068

（三）相互影响分析

采用 E-G 两步法检验北京生产性服务业与制造业之间是否存在协整关系。首先，须采用 OLS 法估计出序列方程，序列方程的设置依据上述格兰杰因果检验结果，将 lnPX₁ 设为解释变量，lnY₁ 设为被解释变量。其中，ecm1 为方程的残差项。具体的序列模型如下：

$$lnY_1 = c + \alpha lnPX_1 + ecm1$$

使用 Eviews7.2 对上述模型进行回归分析，结果如下：

$$\ln Y_1 = 3.12 + 0.62\ln PX_1 + ecm1$$

$$(0.20)\quad (0.03)$$

$$R^2 = 0.972 \qquad S.E.\ regression = 0.142 \qquad Durbin - Watson = 0.505$$

依据上述回归模型可以得到残差项，继续对模型的残差序列进行单位根检验，如果残差序列是平稳的，则说明 $\ln PX_1$ 和 $\ln Y_1$ 之间存在协整关系，否则二者间不存在协整关系。残差项的单位根检验结果见表 5-3，显示残差序列在 1% 的显著水平下是平稳的，表明北京生产性服务业与制造业之间存在长期均衡的协整关系。北京生产性服务业产值对北京制造业的弹性是 0.62，即北京生产性服务业产值每增加 1 个单位，制造业产值将增加 0.62 个单位。

表 5-3　　　　　　　　　　回归模型残差序列的 ADF 检验结果

变量	ADF 检验值	1% 临界值	5% 临界值	10% 临界值	P - 值	结论
残差	- 2.944661	- 2.692358	- 1.960171	- 1.607051	0.0055	平稳

（四）短期波动性分析

在分析了北京生产性服务业与制造业之间的长期均衡协整关系后，下面继续采用向量误差修正模型（VECM）对北京生产性服务业与制造业之间的短期波动关系进行考量。Eviews7.2 的 VECM 输出结果如下：

$$d(\ln PX_1) = -0.1706 \times vecm1_{t-1} + 0.2352 \times d(\ln Y_1(-1)) + 0.2661 \times d(\ln Y_1(-2))$$
$$-0.2191 \times d(\ln PX_1(-1)) - 0.1521 \times d(\ln PX_1(-2)) + 0.1937$$

$$d(\ln Y_1) = -0.4411 \times vecm1_{t-1} + 0.3911 \times d(\ln Y_1(-1)) + 0.2661 \times d(\ln Y_1(-2))$$
$$-0.4892 \times d(\ln PX_1(-1)) - 0.3395 \times d(\ln PX_1(-2)) + 0.2007$$

其中，误差修正项为 $vecm1_{t-1} = \ln Y_1(-1) - 0.6284 \times \ln PX_1(-1) - 3.3700$ 由上述误差修正项系数可知，当 $\ln PX_1$ 和 $\ln Y_1$ 偏离其长期均衡态时，误差修正项能够以 0.4411 和 0.1706 的力度将二者调整到稳定态。

图 5-5 是上述 VECM 模型的协整关系（即误差修正项）曲线，图中零值均线代表的是变量之间的长期均衡稳定关系。由图 5-5 可知，在 1996～2000 年间短期波动偏离长期均衡关系的幅度较小；在 2003 年左右误差修正项的绝对值达到最大，也就是说，此时期短期波动偏离长期均衡关系幅度达到最大，但紧接着又重新回到长期均衡状态，2005 年以后又有较大幅度偏离长期均衡状态。

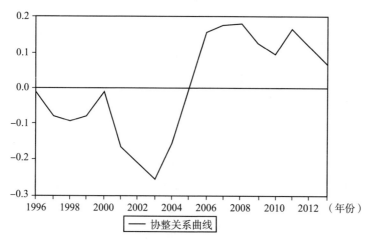

图 5 - 5 VECM 模型的协整关系图（北京）

通过以上分析可知，北京生产性服务业和制造业之间存在长期均衡的协整关系，但从协整关系图中短期波动偏离长期均衡的幅度可以看出北京生产性服务业与制造业之间的这种互动耦合性并不强。北京作为全国政治中心、文化中心，大量行政性资源、众多知名高校以及中关村软件园等均促使北京生产性服务业发展迅速，并且已经开始对北京整个城市的发展起到了支撑作用。北京的众多优势使得其生产性服务业已经不仅仅只是服务于北京市内的制造业产业，而是发挥其强大的辐射力服务于环渤海地区、全国甚至是整个亚洲地区的产业。因此，北京生产性服务业和制造业之间的互动耦合性并不强，并不表示北京制造业的发展与生产性服务业的发展之间的关系不紧密，而是说北京制造业只是其生产性服务业服务对象中的一小部分。

二、天津两产业的长期均衡与短期波动

（一）序列平稳性检验

使用 Eviews7.2 软件采用 ADF 检验法对 $lnPX_2$ 和 lnY_2 这两个变量进行平稳性检验，由 ADF 检验结果可知（见表 5 - 4），变量 $lnPX_2$ 自身是非平稳的，经过一阶差分后在 1% 的置信水平上是平稳的；变量 lnY_2 自身也是非平稳的，经过一阶差分后在 95% 的概率上是平稳的；因此，$lnPX_2$ 和 lnY_2 均是

一阶单整关系。

通过 ADF 检验可知，天津市制造业与生产性服务业二者之间存在平稳关系，从数据上看，天津市制造业总体产值从 2000～2015 年平稳增长，生产性服务业总产值也同样平稳增长，制造业发展势态与生产性服务业发展势态保持一致。但是，二者之间是否存在协整关系，二者在发展中是否具有协同互动的特点，还需进一步验证。

表 5 - 4 序列平稳性检验

变量	检验形式	ADF 检验值	1% level	5% level	10% level	P 值
$lnPX_2$	（C, I, 1）	－ 5. 367645 *	－ 4. 803472	－ 3. 413314	－ 2. 831719	0. 0052
lnY_2	（C, I, 1）	－ 3. 323583 **	－ 4. 581658	－ 3. 320967	－ 2. 821361	0. 0461

注：检验形式是指是否包含常数项（C）和没有时间趋势项（T）、含有截距项 I 和滞后阶数 1；＊表示在 1% 的水平上显著，＊＊表示在 5% 的水平上显著。

（二）协整检验

对模型的残差序列进行单位根检验（表 5 - 5），残差序列的 P 值是 0.0022，在 1% 水平检测下是平稳的，$lnPX_2$ 和 lnY_2 存在长期的均衡，表明天津市生产性服务业与制造业之间存在着协整关系。

表 5 - 5 协整检验结果

变量	ADF 检验值	1% 临界值	5% 临界值	10% 临界值	P 值	结论
残差	－ 3. 921423	－ 2. 937475	－ 2. 006386	－ 1. 598164	0. 0022	平稳

（三）格兰杰因果关系检验

对 $lnPX_2$ 和 lnY_2 进行了格兰杰因果检验（见表 5 - 6）。由检验结果可知，在 5% 的显著性水平下，$lnPX_2$ 是引起 lnY_2 变化发展的原因，lnY_2 也是引起 $lnPX_2$ 变化发展的原因，由此可见，天津市生产性服务业与制造业的关系是互动和融合的，国内外学者就此问题的研究是一致的，两者之间存在明显的协同发展关系。

表 5 - 6 格兰杰因果关系检验

原假设	F 统计量	P 值
$\ln Y_2$ does not Granger Cause $\ln PX_2$	3. 18275	0. 0364
$\ln PX_2$ does not Granger Cause $\ln Y_2$	1. 54327	0. 0456

（四）相互影响分析

为了进一步研究生产性服务业与制造业相互作用、相互依赖是否力量均等，依据产业发展不同阶段的需要，是制造业对生产性服务业的拉动作用大，还是生产性服务业对制造业的支撑作用大？运用 OLS 方法对二者协同发展的非均衡性进行实证，探讨生产性服务业与制造业之间的互动量化关系，探讨相互影响的强度和方向。

$$\ln Y_2 = 3.55031 + 0.754781 \ln PX_2$$
$$R^2 = 0.984 \qquad Durbin - Watson = 1.864$$
$$\ln PX_2 = -4.471532 + 1.2999673 \ln Y_2$$
$$R^2 = 0.94 \qquad Durbin - Watson = 1.64$$

从回归方程自变量系数来看，$\ln Y_2$ 每提高 1 倍，$\ln PX_2$ 相应地提高 1. 30 倍；而 $\ln PX_2$ 每提高 1 倍，相应地 $\ln Y_2$ 提高 0. 75 倍，由此说明二者互动发展中存在非均衡性特点。

（五）短期波动性分析

在确定天津生产性服务业与制造业之间存在长期均衡协整关系后，须采用 VECM 模型对天津生产性服务业与制造业之间的短期波动关系进行分析。Eviews7. 2 的 VECM 输出结果如下：

$$d(\ln PX_2) = -0.9701 \times vecm2_{t-1} + 0.3693 \times d(\ln Y_2(-1)) + 0.1842 \times d(\ln Y_2(-2))$$
$$- 0.6456 \times d(\ln PX_2(-1)) - 0.5433 \times d(\ln PX_2(-2)) + 0.2555$$
$$d(\ln Y_2) = -0.1770 \times vecm2_{t-1} + 0.1720 \times d(\ln Y_2(-1)) + 0.2175 \times d(\ln Y_2(-2))$$
$$- 0.1972 \times d(\ln PX_2(-1)) - 0.0259 \times d(\ln PX_2(-2)) + 0.1171$$

其中，误差修正项 $vecm2_{t-1} = \ln PX_2(-1) - 1.0843 \times \ln Y_2(-1) + 2.2015$。由上述误差修正项系数可知，当发生短期波动时，误差修正项能够以 0. 9701 和 0. 1770 的力度分别使 $\ln PX_2$ 和 $\ln Y_2$ 调整到长期均衡稳定的状态。

图 5 - 6 是上述 VECM 模型的协整关系图，图中零值均线代表的是变量之间

的长期均衡稳定关系。在 1998 年附近，短期波动偏离长期均衡关系的幅度比较大；大约经过两年多的调整重新回到长期均衡稳定状态，大约在 2007 年误差修正项的绝对值达到最大，即短期偏离幅度最大，到 2008 年后重新回到长期均衡状态，之后的一段时间短期波动偏离长期均衡关系幅度均较小。

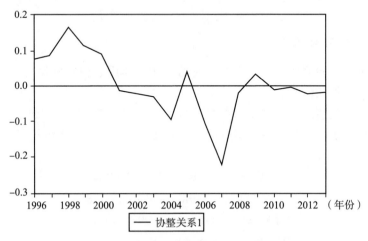

图 5 - 6　VECM 模型的协整关系图（天津）

通过上述分析可知，天津生产性服务业和制造业之间存在长期均衡的协整关系，并且比较图 5 - 5 和图 5 - 6 可以看出，天津生产性服务业和制造业之间的互动耦合性是强于北京的。这是因为天津生产性服务业主要集中在传统的服务业上，比如交通运输、仓储和邮政业，并且主要也都是服务于天津本市的制造业产业，是依托于天津制造业发展的。因此，可以认为天津生产性服务业和制造业之间的互动耦合性较强。

三、河北省两产业的长期均衡与短期波动

（一）序列平稳性检验

使用 Eviews7. 2 软件采用 ADF 检验法对 $lnPX_3$ 和 lnY_3 这两个变量进行平稳性检验，由 ADF 检验结果可知（见表 5 - 7），变量 $lnPX_3$ 自身是非平稳的，经过二阶差分后在 5% 的置信水平上是平稳的；变量 lnY_3 自身也是非平稳的，

经过二阶差分后在95%的概率上是平稳的；因此，$\ln PX_3$ 和 $\ln Y_3$ 均是二阶单整关系。

表5-7 序列平稳性检验

变量	检验形式	ADF 检验值	1% level	5% level	10% level	P 值
$\ln PX_3$	（C, I, 2）	-3.594**	-4.297	-3.212	-2.747	0.0283
$\ln Y_3$	（C, I, 2）	-3.781**	-4.421	-3.259	-2.771	0.0240

注：检验形式是指是否包含常数项（C）和没有时间趋势项（T）、含有截距项 I 和滞后阶数 2；** 表示在5%的水平上显著。

（二）协整检验

对模型的残差序列进行单位根检验（见表5-8），残差序列的 P 值是 0.0545，在5%水平检测下是平稳的，$\ln PX_3$ 和 $\ln Y_3$ 存在长期的均衡，表明河北省生产性服务业与制造业之间存在着协整关系。

表5-8 协整检验结果

变量	ADF 检验值	1% 临界值	5% 临界值	10% 临界值	P 值	结论
残差	-3.1204	-4.2001	-3.1753	-2.7289	0.0545	平稳

（三）格兰杰因果关系检验

对 $\ln PX_3$ 和 $\ln Y_3$ 进行了格兰杰因果检验（见表5-9）。由检验结果可知，在10%的显著性水平下，$\ln PX_3$ 是引起 $\ln Y_3$ 变化发展的原因，$\ln Y_3$ 也是引起 $\ln PX_3$ 变化发展的原因，由此可见河北省生产性服务业与制造业的关系是互动和融合的。

表5-9 格兰杰因果关系检验

原假设	F 统计量	P 值
$\ln Y_3$ 不是引起 $\ln PX_3$ 变化的格兰杰原因	3.67405	0.0811
$\ln PX_3$ 不是引起 $\ln Y_3$ 变化的格兰杰原因	7.75620	0.0168

（四） 相互影响分析

为了进一步研究河北省生产性服务业与制造业相互作用、相互依赖是否力量均等，依据产业发展不同阶段的需要，是制造业对生产性服务业的拉动作用大，还是生产性服务业对制造业的支撑作用大？运用 OLS 方法对二者互动发展的非均衡性进行实证，探讨生产性服务业与制造业之间的互动量化关系，探讨相互影响的强度和方向。

根据 OLS 的输出结果可知：

$$\ln Y_3 = 2.003 + 0.6133 \ln PX_3$$
$$(4.254) \quad (6.05)$$
$$\ln PX_3 = -1.313 + 1.228 \ln Y_3$$
$$(-1.334) \quad (6.051)$$

从回归方程自变量系数来看，$\ln Y_3$ 每提高 1 倍，$\ln PX_3$ 相应地提高 1.228 倍；而 $\ln PX_3$ 每提高 1 倍，相应地 $\ln Y_3$ 提高 0.6133 倍，由此说明二者互动发展中存在非均衡性特点。

（五） 短期波动性分析

在确定天津生产性服务业与制造业之间存在长期均衡协整关系后，须采用 VECM 模型对河北省生产性服务业与制造业之间的短期波动关系进行分析。Eviews7.2 的 VECM 输出结果如下：

$$d(\ln PX_3) = -0.348 \times vecm3_{t-1} + 0.308 \times d(\ln Y_3(-1)) - 0.459 \times d(\ln Y_3(-2))$$
$$+ 1.845 \times d(\ln PX_3(-1)) - 1.197 \times d(\ln PX_3(-2)) + 2.374$$
$$d(\ln Y_3) = -0.381 \times vecm3_{t-1} + 2.159 \times d(\ln Y_3(-1)) - 1.979 \times d(\ln Y_3(-2))$$
$$+ 0.189 \times d(\ln PX_3(-1)) + 0.368 \times d(\ln PX_3(-2)) + 1.438$$

由上述误差修正项系数可知，当发生短期波动时，误差修正项能够以 0.381 和 0.348 的力度分别使 $\ln PX_3$ 和 $\ln Y_3$ 调整到长期均衡稳定的状态。

图 5-7 是上述 VECM 模型的协整关系（即误差修正项）曲线，图中零值均线代表的是变量之间的长期均衡稳定关系。从图 5-7 可知，2007 年误差修正项的绝对值达到最大，即短期偏离幅度最大，2008～2012 年间比较稳定且偏离幅度比较小，接近均衡状态，2013 年偏离幅度加大，到 2014 年又重新回到均衡状态。

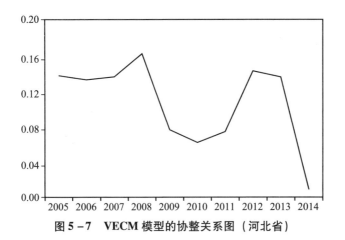

图5-7 VECM 模型的协整关系图（河北省）

通过上述分析可知，河北省生产性服务业和制造业之间存在长期均衡的协整关系，比较图5-5、图5-6和图5-7，河北省生产性服务业和制造业之间的互动耦合性是弱于天津和北京。主要原因是河北省整体生产性服务业发展比较薄弱，制造业中的优势产业多集中于资源型和劳动加工型，生产性服务业中的高知识、高人力资本等生产要素无法很好地嵌入低端制造业的发展中。

第三节 区域间生产性服务业与制造业协同特征

通过以上分析可知，$\ln Y_1$、$\ln PX_1$、$\ln Y_2$、$\ln PX_2$ 均是一阶单整，而 $\ln Y_3$、$\ln PX_3$ 是二阶单整的，所以考虑变量阶数的相同，只针对北京和天津来测算区域间两大产业之间的互动性。

一、北京两产业对天津生产性服务业发展的影响

（一）构建 VAR 模型 1

通过上一节实证分析可知，$\ln PX_1$、$\ln Y_1$ 和 $\ln PX_2$ 均为1阶单整序列，满足构建 VAR 模型的变量阶数相等条件。使用 Eviews7.2 软件对三者间的 VAR 模型进行分析，建立 VAR 模型最关键是确定模型滞后阶数 p，判断准则为 LR、FPE、

AIC、SC 和 HQ（检验结果见表 5 - 10）。由表 5 - 10 可知，滞后 1 阶的 AIC、SC、HQ 信息准则的值都是最小的，LR 的值也是最显著的。可见，VAR 模型 1 的最佳滞后阶数为 1 阶。

表 5 - 10　　　　　　　　　　VAR 模型最优滞后期

滞后阶数	极大似然估计量	似然比（LR）	最终预报误差（FPE）	AIC	SC	HQ
0	- 9. 933543	NA	0. 000783	1. 361426	1. 510547	1. 386663
1	62. 56308	114. 4683 *	9. 99e - 07 *	- 5. 322429 *	- 4. 725941 *	- 5. 221480 *
2	69. 21932	8. 407880	1. 40e - 06	- 5. 075717	- 4. 031864	- 4. 899056

注：* 表示在 1% 的水平上显著。

当 p = 1 时，利用 AR 根的检验方法检验模型 1 的平稳性，如图 5 - 8 所示。模型 1 的全部特征根均落在单位圆曲线之内，说明该模型是一个平稳系统，即满足进行脉冲响应分析和方差分解分析的前提。

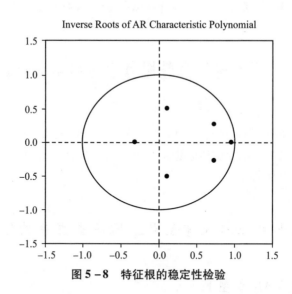

图 5 - 8　特征根的稳定性检验

（二）VAR 模型 1 的格兰杰因果关系检验

为检验 $lnPX_1$、lnY_1 和 $lnPX_2$ 之间是否存在明显的因果关系，本书选择基于

VAR 模型的格兰杰因果关系检验方法，结果见表 5 – 11。由表 5 – 11 可知，在 5% 的显著水平下，北京生产性服务业产值与天津生产性服务业产值之间、北京制造业产值与天津生产性服务业产值之间均不存在双向格兰杰因果关系。

表 5 – 11 VAR 模型 1 的格兰杰因果关系检验

原假设	F 统计量	P 值
$lnPX_2$ 不是引起 $lnPX_1$ 变化的格兰杰原因	0.33176	0.7232
$lnPX_1$ 不是引起 $lnPX_2$ 变化的格兰杰原因	1.08004	0.3663
$lnPX_2$ 不是引起 lnY_1 变化的格兰杰原因	0.34972	0.7109
lnY_1 不是引起 $lnPX_2$ 变化的格兰杰原因	2.95186	0.0852

（三）VAR 模型 1 的脉冲响应分析和方差分解

脉冲响应函数可以描述 VAR 模型中的一个内生变量的冲击对其他内生变量带来的影响，分析结果见图 5 – 9。图 5 – 9 中的横轴表示冲击作用的滞后期位数，纵轴表示天津生产性服务业产值的响应，实线表示脉冲响应函数，表示的是天津生产性服务业对北京生产性服务业和制造业冲击的反应，虚线表示正负两倍标准差偏离带。

从图 5 – 9 的左图可知，天津生产性服务业对来自北京生产性服务业的冲击有较强响应，在第一期达到最大负值，从第二期才开始呈现逐渐加强的趋势。由于北京生产性服务业发展初期资源集聚表现为明显强势，天津表现为明显劣势，故短期冲击为负向。在第三期之后，天津生产性服务业对来自北京生产性服务业冲击的响应表现为持续正向。由空间邻近理论（spatial proximity theory）可知，距离越近、交通越发达的城市之间彼此影响越强，天津是距离北京最近、交通最便捷的城市。从内部结构来看，北京以资本密集型和技术密集型的金融服务业、信息传输、计算机服务和软件业为主，而天津则以劳动密集型的批发零售业、交通运输、仓储及邮政业为主，所以，北京生产性服务业影响天津生产性服务业发展的主要表现为服务功能。因此，从长期来看，北京生产性服务业能够带动天津生产性服务业的发展。

从图 5 – 9 的右图可知，天津生产性服务业对来自北京制造业的冲击有持续正响应，在第二期达到最小值 0，从第四期开始一直保持相对稳定的正效应。北京要实现制造业的大力发展，必须要剥离出中低端制造业，而天津以其区位优势和现代制造业中心优势承接了大量有利于其未来发展的北京制造业，因此北京制造业转移必定会促进天津制造业的发展，而天津制造业的发展必定会给予其生产性服务业更多的发展空间。因此，可以认为北京制造业对天津生产性服务业存在一定的间接促进作用。

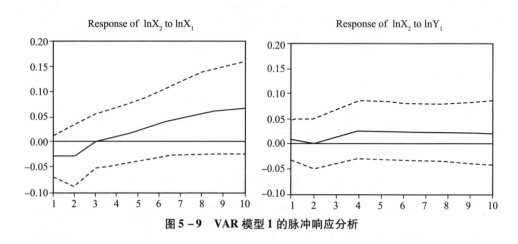

图 5－9　VAR 模型 1 的脉冲响应分析

　　方差分解是通过分析每一个结构冲击对内生变量变化的贡献度，进一步评价不同结构冲击的重要性。图 5－10 显示了模型 1 的方差分解结果的合成图形。在第一期的时候，天津生产性服务业预测方差完全是由其自身扰动所引起的。随着时间的推移，从第三期开始，自身扰动所引起的预测方差不断下降，从第五期开

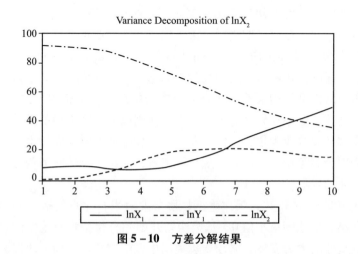

图 5－10　方差分解结果

始北京生产性服务业的扰动所引起的预测方差不断上升，到第十期时，北京生产性服务业对天津生产性服务业发展的贡献率最大。而北京制造业的扰动在第六期左右达到最大后逐渐稳定在18%附近。由此可见，北京制造业对天津生产性服务业的影响远小于北京生产性服务业对天津生产性服务业的影响。

二、北京两产业对天津制造业发展的影响

（一）构建VAR模型2

通过上一节实证分析可知，$lnPX_1$、lnY_1 和 $lnPX_2$ 均为1阶单整序列，满足构建 VAR 模型的前提条件。使用 Eviews 7.2 软件得到 VAR 模型 2 的最优滞后期，结果见表 5-12。结论显示，该模型的最优滞后期为 1 期。

表 5-12　　　　　　　　　　　VAR 模型 2 最优滞后期

滞后阶数	极大似然估计量	似然比（LR）	最终预报误差（FPE）	AIC	SC	HQ
0	-4.164459	NA	0.000427	0.754154	0.903276	0.779391
1	70.04798	117.1775*	4.54e-07*	-6.110314*	-5.513826*	-6.009364*
2	77.36038	9.236716	5.93e-07	-5.932672	-4.888818	-5.756010

注：带 * 的即为各标准所确定的最优滞后期。

当 p=1 时，利用 AR 根的检验方法检验模型 2 的平稳性，如图 5-11 所示，模型 2 的全部特征根均落在单位圆曲线之内，说明该模型是一个平稳系统，即满足了进行脉冲响应分析和方差分解的前提。

（二）VAR 模型 2 的格兰杰因果关系检验

由表 5-13 可知，在 5% 的显著水平下，北京生产性服务业产值与天津制造业产值之间、北京制造业产值与天津制造业产值之间互不存在双向因果关系。

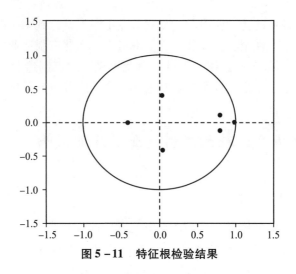

图 5 – 11　特征根检验结果

表 5 – 13　　　　　　　　　　　格兰杰因果关系检验结果

原假设	F 统计量	P 值
lnY_2 不是引起 $lnPX_1$ 变化的格兰杰原因	0.01378	0.9863
$lnPX_1$ 不是引起 lnY_2 变化的格兰杰原因	2.79101	0.0955
lnY_2 不是引起 lnY_1 变化的格兰杰原因	0.51420	0.6088
lnY_1 不是引起 lnY_2 变化的格兰杰原因	0.45717	0.6422

（三）VAR 模型 2 的脉冲响应分析和方差分解

脉冲响应分析结果见图 5 – 12，天津制造业对来自北京生产性服务业的冲击有持续较强响应，在前两期为负响应，从第三期开始呈现逐渐增强的正响应。在短期天津制造业离不开交通运输、仓储和邮政等服务业的支持，这些服务业大多都是由天津本市提供。但北京利用其首都优势和知识、人才等优势而拥有的高层次生产性服务业在长期会对天津制造业的发展提供服务。发达的生产性服务业会提高制造业部门的生产率，形成具有较强竞争力的制造业部门，因此，北京生产性服务业利用其强大辐射力会促进天津制造业的大力发展。

从图 5 – 12 的右图可知，北京制造业对天津制造业一直都存在稳定的促进作用，但这种促进作用并没有呈现持续增强的趋势。天津承接北京的制造业只是将北京制造业挪到天津来生产，并没有根据天津的自身需求而进行进一步的自主创新，缺乏相应的政府政策导向，使得这些制造业在北京或是在天津发展都是无差

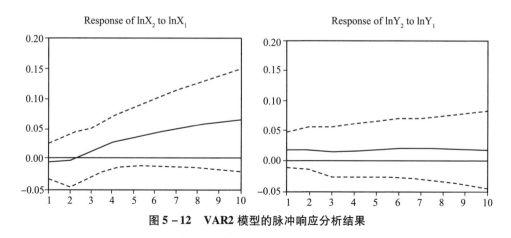

图 5 – 12　VAR2 模型的脉冲响应分析结果

别的，因此，这种北京制造业的转移对天津制造业并没有起到持续增强的促进作用。所以，本书认为，要想通过北京制造业转移来大力促进天津制造业发展，就必须要选择承接适合天津的制造业，并在此基础上进一步的研发和创新，使其发展成有天津特色的制造业。

通过方差分解进行分析，显示了 VAR 模型 2 的方差分解结果的合成图形，结果见图 5 – 13。从第三期开始，北京生产性服务业发展对天津制造业产值的贡献率持续上升，并在第十期贡献率达到 50% 以上，说明北京生产性服务业的发展有效地促进了天津制造业的繁荣，北京大量制造业转移到天津，既能促使北京自身高端服务业的发展，又能促进天津制造业的发展，而北京制造业对天津制造业的扰动一直处在比较稳定的水平上。

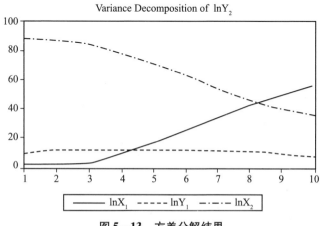

图 5 – 13　方差分解结果

三、北京与河北两产业协同的特征与方向

由上一节分析可知，北京与河北两产业的单整阶数不相同，不具备做 VAR 模型的条件，所以本节根据前文分析的基础上，定性归纳两个区域间两产业协同的特征与方向。

通过疏解北京的"非首都核心功能"，来治理"大城市病"很难得到有效解决。需要统筹考虑京津冀产业布局，从根本上提高北京周边中小城市功能及经济发展水平，进而使得河北中小城市的收入差距和公共服务水平与北京差距较小，并起到拦蓄进入北京人口和产业的作用。河北省在京津冀协同发展的角色，并不仅仅是承接北京和天津的产业转移，还承担着新战略区、核心区、重点推进区、世界级都市圈的重要支撑区等功能。尤其在雄安新区设立的新机遇下，在京津冀协同发展中加快实现绿色崛起。本研究采用潜力值模型，并依据北京、河北区域内各城市的"能级"确定开展产业合作的核心区、重点推进区及重要支撑区，以期实现京冀产业间的协同布局。

（一）潜力值模型与测度

1. 计算引力值

选取北京、河北的 11 个地级市为研究对象，依据以下公式计算两两城市之间的引力值。

$$F_{ij} = \frac{\sqrt{P_i E_i} \sqrt{P_j E_j}}{(D_{ij}^2)} \tag{5.3}$$

其中，F_{ij} 表示城市 i 与城市 j 之间的引力值，P_i 为城市 i 的常住人口，E_i 为城市 i 的地区生产总值，D_{ij} 为城市 i 和 j 之间的直线距离。

2. 计算潜力值

潜力值公式为：

$$V_i = \sum_{j=1} K_{ij} F_{ij} \tag{5.4}$$

其中，V_i 为城市 i 的潜力值，F_{ij} 为城市间的引力值，K_{ij} 为权数。其中 K_{ij} 的计算公式为：

$$K_{ij} = E_i / (E_i + E_j) \tag{5.5}$$

其中，E_i 为城市 i 的地区生产总值，E_j 为城市 j 的地区生产总值。

根据以上公式将数据代入后，可得到 12 个城市的潜力值，如表 5 - 14 所示。

表 5 - 14　　　　　　　　　　　京冀区域城市潜力值

城市	潜力值
北京	1095958
唐山	56261
石家庄	8051
廊坊	5263
保定	3106
邯郸	2440
沧州	1226
邢台	931
秦皇岛	912
张家口	561
衡水	253
承德	242

资料来源：作者计算。

　　由计算结果并结合潜力值、地理位置来看，北京的潜力值要远高于其他城市，故将其划分为核心区；唐山、石家庄、廊坊、保定、邯郸和沧州这 6 个城市潜力值相对较高，将其划分为紧密协作区，他们共同的特点是均具有较好的产业基础，在区位上除邯郸外，其他均与核心区距离较近、通勤便利，将成为核心区产业转移的重要承接地。邢台、秦皇岛、张家口、衡水和承德的城市潜力值较低，将其划分为联动支撑区。同时，也不能忽略河北省沿海经济带与北京的产业合作。由此可见京冀之间产业协同呈现圈层特征。

（二）京冀不同圈层两产业协同方向

1. 核心区

　　服务业方面，为了避免同质化竞争，北京在金融、交通等行业应区别于天津有所侧重。北京作为国家金融决策中心、金融管理中心、金融信息中心和金融服务中心，吸引金融总部入驻，重点发展间接金融市场和风险管理金融市场，适当发展直接金融市场（新三板市场），提高资本的区域流动性。交通运输方面，北京空港实力雄厚，通过海陆空联运等方式，加强北京空港对河北的带动与合作，并提高河北省内资源要素的集散和吞吐能力。从生产性服务业细分产业来说，前文已经针对细分行业的区位商进行了测度，其结果显示北京重点发展信息传输、软件和信息技术服务业、金融业和科学研究与技术服务业；河北则发展交通运输、仓储和邮政业，并在提高服务区域和服务本地的能力的其他生产性服务产业上加大扶持力度。工业方面，北京主要保留产业价值链微笑曲线两端的研发、设计、管理和营销等环节，将一般制造环节逐步移出。

2. 紧密协作区

紧密协作区应充分利用区位优势，主动承接来自核心区的产业转移。工业方面，一要围绕产能压缩任务，着力加大对钢铁等行业的改造升级力度。二是结合优势产业承接北京转移的一般制造业及制造环节，并为北京优势行业做好配套服务。表5－15列举了紧密协作区的优势产业，钢铁行业具有明显集聚效应的地区是唐山、廊坊和邯郸；汽车、电子行业具有明显集聚效应的地区是廊坊；装备制造业方面具有明显集聚效应的地区是唐山、沧州、邯郸、保定；而石家庄在医药制造业方面具有一定集聚效应。服务业方面，主要以承接北京地区转移的物流和批发市场为主，发展成为区域性仓储物流中心和交易市场。此外，可承接一些北京地区不具有比较优势的、用人多、占地多的现代服务业，如呼叫中心、数据存储中心等信息服务业。

表5－15　　　　　　　　　　紧密协作区优势行业分布

地区	优势行业
廊坊	（1）农副食品加工业；（2）家具制造业；（3）印刷和记录媒介复制业；（4）化学原料和化学制品制造业；（5）黑色金属冶炼和压延加工业；（6）通用设备制造业*；（7）专用设备制造业*；（8）计算机、通信和其他电子设备制造业*
唐山	（1）金属制造业；（2）非金属矿物制品业；（3）黑色金属冶炼和压延加工业；（4）铁路、船舶、航空航天和其他设备制造业*
沧州	（1）皮革、羊毛、羽毛及其制品和制鞋业；（2）石油加工、炼焦和核燃料加工业；（3）化学原料和化学制品加工业；（4）金属制品业；（5）通用设备制造业*；（6）专用设备制造业*；（7）仪器仪表制造业
保定	（1）食品制造业；（2）纺织业；（3）皮革、羊毛、羽毛及其制品和制鞋业；（4）印刷和记录媒介复制业；（5）非金属矿物制品业；（6）通用设备制造业*；（7）汽车制造业；（8）电器机械和器材制造业

续表

地区	优势行业
石家庄	（1）农副食品加工业；（2）烟草制品业；（3）纺织业；（4）皮革、羊毛、羽毛及其制品和制鞋业；（5）木材加工和木、竹、藤、棕、草制品业；（6）印刷和记录媒介复制业；（7）文教、工美、体育和娱乐用品制造业；（8）<u>石油加工、炼焦和核燃料加工业</u>；（9）医药制造业*；（10）电器机械和器材制造业；（11）金属制品、机械和设备修理业
邯郸	（1）农副食品加工业；（2）纺织业；（3）木材加工和木、竹、藤、棕、草制品业；（4）<u>非金属矿物制品业</u>；（5）<u>黑色金属冶炼和压延加工业</u>；（6）通用设备制造业*

注：带*的行业为北京的优势产业，河北各地应做好配套；标有下划线的为高耗能行业，应注重转型升级。

3. 联动支撑区

联动支撑区具有最大的优势是劳动力成本相对较低，可作为北京产业转移的纵深地带。北京的一般制造业转移与产业链配套服务上，各地区可依据自身优势做好承接与转型（见表5－16）。此外，冀北承德、张家口两地生态资源丰富，是京津冀地区重要的生态屏障，两地的风能资源、太阳能资源较为丰富，可据此发展新能源、健康休闲等新兴产业。

表5－16　　　　　　　　　　联动支撑区优势行业分布

地区	优势行业
秦皇岛	1. <u>非金属矿物制品业</u>；2. <u>黑色金属冶炼和压延加工业</u>；3. 专用设备制造业*；4. 汽车制造业*；5. 计算机、通信和其他电子设备制造业*；6. 铁路、船舶、航空航天和其他设备制造业*
邢台	1. <u>石油加工、炼焦和核燃料加工业</u>；2. <u>非金属矿物制品业</u>；3. <u>黑色金属冶炼和压延加工业</u>；4. 通用设备制造业*；5. 专用设备制造业*
张家口	1. <u>黑色金属冶炼和压延加工业</u>；2. 专用设备制造业*
衡水	1. 化学原料和化学制品制造业；2. 专用设备制造业*
承德	1. <u>黑色金属冶炼和压延加工业</u>

注：优势产业仅列出河北各地应做好配套和注重转型升级的产业，其中*表示应做好配套的行业，下划线代表转型升级的行业。

4. 沿海经济带

在沿海经济带与京津冀产业对接方面，已经初步形成了电子信息、现代物流、旅游、化工、船舶修造、装备制造和新能源七大产业带。将七个产业带分属为生产性服务业与制造业，进一步梳理京冀两地间产业协同发展的方向。

（1）生产性服务业产业协同方向。

京冀沿海经济带生产性服务业产业协同方向，见表5-17。

表5-17　　　　京冀沿海经济带生产性服务业产业协同方向

地区	电子信息产业带	地区	现代物流产业带	地区	旅游产业带
北京市	集成电路、液晶显示器等	黄骅市	北方物流中心	北京周边	康体、度假休闲
保定市	电力电子、仿真系统等	唐海县	能源储备和调配中心	北戴河区	高端旅游
廊坊市	医疗电子等	抚宁区	现代物流	乐亭县	滨海生态旅游
滦南县	软件及动漫产业	山海关区	港口物流	山海关区	休闲旅游
海兴县	电子元件等	昌黎县	商贸物流	昌黎县	海洋旅游
海港区	智能控制、安防应用等	丰南区	现代物流	海兴县	文化遗址景观旅游

资料来源：作者整理。

在沿海经济带中，依托秦皇岛数据产业基地、廊坊润泽国际信息港等，重点发展海量数据存储、灾备等云计算基础服务平台。同时，秦皇岛以海港区和经济开发区为核心，重点发展智能控制、安防应用等家居消费电子、应用性软件、电子元器件和印刷电路板等产业；唐山市以滦南县为核心重点发展软件产业及动漫游戏产业。

现代物流业发展的重点是畅通冀东和冀中南物流通道、建设物流产业集聚区、加快发展专项物流、推进物流业与制造业联动发展和推进物流信息化和标准化，打造海、空、内陆港等交通枢纽型物流产业集聚区。

河北省在旅游业方面，实现由观光向休闲的转变，着力打造"环京津休闲旅游"产业带。其中，以秦皇岛市和唐山市为中心城市的滨海休闲度假村，乐亭滨海度假带，发展成为国家级旅游度假区、国际知名的滨海度假地，以及桑洋河谷、昌黎葡萄酒文化休闲聚集区，发展成为国内一流的葡萄酒庄园聚集区和葡萄酒文化体验地。此外，在沿海经济带的各个县市区可以充分发挥旅游资源丰富、区位条件独特的优势，实现旅游业跨越式发展。

（2）制造业产业协同方向。

沿海经济带是我国石化工业重要的产业聚集区。唐山市乐亭县依托邻港产业聚集区发展煤化工；滦南县依托曹妃甸港区发展盐化工；沧州市渤海新区主要发展石油化工、盐化工、精细化工；海兴县主要发展精细化工产业中的盐化工、煤化工、化学药品原药制造、涂料油墨等行业。

船舶制造业是典型的综合加工装配工业，也是我国装备制造业最具国际特色的产业。河北省装备制造业的发展是按照发展整机、壮大配套、培育龙头、推进聚集的思路推进，设计沿海经济带主要由海港区、山海关区、昌黎县、抚宁区、丰南区、唐海县、乐亭县、黄骅市以及曹妃甸新区和渤海新区来实现。沿海经济带装备制造业的空间分布见表5－18。

表5－18　　　　　　　　沿海经济带制造业产业协同方向

地区	制造业产业协同方向
黄骅市	钢铁新材料、装备制造
丰南区	钢铁深加工、装备制造
唐海县	修造船、海洋工程、石化装备
抚宁区	装备制造、金属压延产业
海港区	船舶制造、电力装备制造、汽车及汽车零部件生产
山海关区	核电装备以及修造船基地和船舶配套产业园建设
昌黎县	主要发展机械加工
乐亭县	精品钢铁、装备制造
海兴县	港口机械、大型工程机械、超高压输变电设备等

资料来源：作者整理。

在沿海经济带，主要促进秦唐沧沿海及海上风能资源的开发利用。秦皇岛主要发展风电及风电设备制造、生物质能、太阳能、核能。其中，海港区主要发展以光伏设备制造产业为主导的光伏产业，以风电设备制造业为突破的区域性新能源装备产业，以生物炼油业为特色的区域性新能源产业；山海关区主要发展风电设备、核电设备。

四、京津冀两产业协同的非均衡性特征

从理论上看，生产性服务业与制造业互动发展中存在超前、一致和滞后三种情形，超前发展是生产性服务业从制造业分离出来后，围绕制造业的生产需求独立快速发展。在发展过程中不断积累新知识、新技术，在制造业升级的推动下，生产性服务业引领制造业升级改造。生产性服务业滞后于制造业发展的情形出现于制造业向更高级跃升过程中，难以从现有生产性服务业获得技术和知识支持。生产性服务业与制造业一致发展是指二者存在协同互动的双向关系，呈现均衡性特征，在常态化的发展阶段，制造业和生产性服务业相互作用力相当，相互促进。生产性服务业一般通过两种途径促进制造业发展，途径一是生产性服务业促进制造业的专业化和分工细化；途径二是通过外包生产性服务业规模化生产降低制造业中间服务的成本。随着产业分工细化和专业化趋势形成，生产性服务业所拥有的人力资本、知识资本、技术资本优势也通过不断专业深化，嵌入制造业部门的价值链条上，将生产性服务要素根据制造业生产需求融入商品生产中。制造业在结构优化、产业升级、技术创新、效率改进等发展方面，对生产性服务业的知识、技术、创新等要素提出更高需求，这也促进生产性服务业发展。随着制造业经济规模扩大以及对效率和竞争力的追求，提出对生产性服务业在生产价值链要素嵌入的需求。从天津生产性服务业和制造业发展协整检验上看，也支持上述理论观点，伴随着天津传统的中低技术制造升级改造，以及装备制造、航空航天、节能环保、节能与新能源汽车、生物医药等高端制造业的快速发展，以研发设计、第三方物流、融资租赁、信息技术服务、节能环保服务、商务咨询、售后服务等为代表的服务业发展迅猛，二者相辅相成，相得益彰的态势已经形成。

但是，生产性服务业是在市场交易机制下由制造业中分离出来的，二者在发展中相互需要，互动协同演进，形成积累因果循环过程。但在实际中，二者不一定每个阶段都能遵循累积因果循环，也会出现非均衡的状况，比如，本应生产性服务业对制造业的作用强于制造业对生产性服务业的作用，却出现相反的情况，Amin A 认为制造业和生产性服务业协同发展从长期来看应具有均衡性特点，但是在不同发展阶段，存在相互作用不对等的关系，在制造业跃升阶段要求生产性服务业提供的支撑力度更大[203]。

实证方面也支撑以上观点，即京津冀生产性服务业与制造业互动发展的不同阶段却表现出非均衡性的特点：（1）区域内生产性服务业对制造业的作用强度与制造业对生产性服务业的作用强度是不一致的，是非均衡的；（2）区域间某地区

的生产性服务业与制造业对另一区域的生产性服务业的作用强度不一致，区域间某地区的生产性服务业与制造业对另一区域的制造业的作用强度也是不一致、非均衡的。上述 OLS 方法实证结果表明，天津市 $\ln Y_2$ 每提高 1 倍，$\ln PX_2$ 相应地提高 1.30 倍；而 $\ln PX_2$ 每提高 1 倍，相应地 $\ln Y_2$ 提高 0.75 倍，由此可以说明天津市制造业对生产性服务业的带动作用大于生产性服务业对制造业的支撑作用，呈现出生产性服务业与制造业互动发展中的非均衡特点。河北省的实证结果也显示制造业对生产性服务业的带动作用大于生产性服务业对制造业的支撑作用。天津市和河北省在制造业存在着产业同构的问题，因此天津市、河北省制造业与生产性服务现阶段存在非均衡特点，尤其是天津制造业转型升级时期更要求生产性服务业提供专业化和技术性支撑服务，也就是生产性服务业的支撑作用应大于制造业的拉动作用，因而需要进一步研究，在提升生产性服务业水平基础上，如何通过产业间的衔接和关联，调整目前的非均衡状态，以促进制造业升级改造。从区域间互动实证研究可知，北京生产性服务业的辐射作用强于制造业的辐射作用，所以区域间必须采取错位发展，才能从非均衡走向均衡状态。

第四节　生产性服务业与制造业细分行业的协同特征

一、产业关联分析方法

（一）灰色关联方法

灰色关联分析最早是在 1982 年提出，它是灰色系统里面用于描述两个或多个变量之间的关联程度，该理论被广泛应用于社会、经济、教育等领域。灰色关联分析最重要的是关联系数和关联度，关联度用以定量地描述事物或因素之间关联性大小和发展态势。具体模型设计如下：

第一，运用均值法对变量进行无量纲化。

$$x_i'(k) = x_i(k)/x_i \tag{5.6}$$

第二，确定参考数列、比较数列并计算绝对差值。

参考数列为 $x_0(k) = \{x_0(1), x_0(2), \cdots, x_0(n)\}$ n 为数列的长度；

比较数列为 $x_j(k) = \{x_j(1), x_j(2), \cdots, x_j(m)\}$ m 为数列的长度；

$$\Delta_i(k) = |x_0'(k) - x_i'(k)| \tag{5.7}$$

第三，计算灰色关联系数。

$$Y_i(k) = \{\min_i\min_k\Delta_i(k) + \mu\max_i\max_k\Delta_i(k)\} / \{\Delta_i(k) + \mu\max_i\max_k\Delta_i(k)\} \tag{5.8}$$

其中，μ 为（0-1）的分辨系数，μ 越大分辨率越大，反之则反之；通常 μ 取 0.5；$\min_i\min_k\Delta_i(k)$ 为二级最小差值；$\max_i\max_k\Delta_i(k)$ 为二级最大差值。

第四，计算比较数列对参考数列的灰色关联度。

$$R = 1/n\sum_{i=1}^{n} Y_i(k) \ (i = 1, 2, \cdots, m) \tag{5.9}$$

第五，对灰色关联度进行排序。

（二）投入产出法

美籍俄国经济学家瓦西里·里昂惕夫创立了投入产出法，并在 1973 年被授予诺贝尔经济学奖。这里的"投入"所指的是产品生产中所需要的要素，如原材料、燃料、动力、固定资产折旧和劳动力等。"产出"是指产品生产出来后被分配到不同地区和部门的流向。投入产出法是产业关联的基本方法，能够有效地揭示产业间技术经济联系的量化比例关系，并分析各个产业部门间投入与产出的相互依存关系的数量分析方法。具体使用投入产出表和投入产出模型来计算。

1. 直接消耗系数

直接消耗系数又叫投入系数，其经济含义是生产单位 j 产品所直接消耗的 i 产品的数量。其计算方法是：

$$a_{ij} = \frac{x_{ij}}{x_j} \ (i, j = 1, 2, \cdots, n) \tag{5.10}$$

2. 完全消耗系数

完全消耗系数是直接消耗系数与间接消耗系数之和。其在投入产出表中反映出来的是某产业部门单位产品的生产对各产业部门产品的直接消耗量和间接消耗量的总和，用公式表示：

$$b_{ij} = a_{ij} + \sum_{k=1}^{n} b_{ik}a_{kj} \ (i, j = 1, 2, \cdots, n) \tag{5.11}$$

3. 中间需求率

所谓中间需求率是中间需求与总需求之比。其在投入产出表中反映出来的中间需求是指各产业对某产业产品的中间需求之和，总需求是整个国民经济对该产业部门产品的中间需求与最终需求之和。

$$D_i = \frac{\sum_{j=1}^{n} x_{ij}}{\sum_{j=1}^{n} x_{ij} + Y_i} \quad (i = 1, 2, \cdots, n) \quad (5.12)$$

其中，D_i 表示中间需求率，$\sum_{j=1}^{n} x_{ij}$ 表示投入产出表中第 i 行某产业被国民经济各产业 j 的中间需求的和，Y_i 为第 i 行业的最终需求。中间需求率越大，说明国民经济各产业对该产业产品需求越多。

4. 中间投入率

中间投入率是中间投入与总投入的比值。其在投入产出表中反映出来的中间投入是某一产业 j 在生产过程中所需要的国民经济各产业 i 中间投入的和，总投入是该产业需要的中间总投入与增加值之和。其计算公式为：

$$T_i = \frac{\sum_{i=1}^{n} x_{ij}}{\sum_{i=1}^{n} x_{ij} + Z_j} \quad (j = 1, 2, \cdots, n) \quad (5.13)$$

其中，T_i 表示产业 j 的中间投入率，$\sum_{i=1}^{n} x_{ij}$ 表示投入产出表中第 j 列产业需要的国民经济各产业投入的和，Z_j 表示 j 行业的增加值。中间投入率越大，说明该产业生产过程中使用的投入越多。

5. 影响力系数

影响力系数也称为后向关联系数，是指某一产业 j 的总投入增加 1 个单位时，对所有国民经济各产业 i 所产生的波及影响程度。其计算公式为：

$$E_j = \frac{\sum_{i=1}^{n} b_{ij}}{\frac{1}{n} \sum_{j=1}^{n} \sum_{i=1}^{n} b_{ij}} \quad (j = 1, 2, \cdots, n) \quad (5.14)$$

其中，E_j 为 j 产业的影响力系数，$\sum_{i=1}^{n} b_{ij}$ 为里昂惕夫逆矩阵的第 j 列所有行值的和，$\frac{1}{n} \sum_{j=1}^{n} \sum_{i=1}^{n} b_{ij}$ 为里昂惕夫逆矩阵每列值的平均值。

6. 感应度系数

感应度系数也被称为前向关联系数，是指某一产业 i 总需求增加 1 单位时，国民经济所有产业 j 所受到的需求感应程度，其计算公式为：

$$G_i = \frac{\sum\limits_{j=1}^{n} b_{ij}}{\dfrac{1}{n}\sum\limits_{i=1}^{n}\sum\limits_{j=1}^{n} b_{ij}} \ (i=1,\ 2,\ \cdots,\ n) \hspace{2cm} (5.15)$$

其中，G_i 表示 i 产业的感应度系数，$\sum\limits_{j=1}^{n} b_{ij}$ 为里昂惕夫逆矩阵的第 i 行所有列值的

和，$\dfrac{1}{n}\sum\limits_{i=1}^{n}\sum\limits_{j=1}^{n} b_{ij}$ 为里昂惕夫逆矩阵的第 i 行所有列值之和的平均值。

依据影响力系数和感应度系数将产业部门分为四类，第一类部门是产业影响力系数与感应度系数均大于 1，以中游产业居多；第二类部门是产业影响力系数大于 1、感应度系数小于 1，以下游产业居多；第三类部门是产业影响力系数小于 1、感应度系数大于 1，以第三产业金融、研发和技术部门为主；第四类部门是产业影响力系数与感应度系数均小于 1，主要是发育不足或参与社会再生产过程不够的产业。

二、各细分产业关联特征比较

（一）京津冀制造业对生产性服务业各产业的中间需求

根据 2012 年《北京投入产出表》《天津投入产出表》《河北投入产出表》，分别计算了京津冀制造业整体对生产性服务业的中间需求率。其结果（见表 5 - 19）显示北京制造业对生产性服务业的中间需求率高于天津、河北，表明北京市中高端制造业占主导地位，需要更多生产性服务业与之配套。在细分行业中，北京制造业对交通运输、仓储和邮政业、信息传输、软件和信息服务业、科学研究和技术服务业等技术密集型产业需求率相对较高，而对金融业的中间需求率却比较低，这说明高端制造业与生产性服务业的产业关联程度还不够充分，并且高端制造业与生产性服务业的匹配程度，将直接影响北京高端制造业的发展与升级。天津、河北制造业对交通运输、仓储和邮政业、住宿餐饮业传统型生产性服务业的中间需求率相对较高，主要原因是天津、河北制造业比重高、产品流动性强、本身对交通运输需求大，其次是津冀两地的制造业结构还是比较低端、附加值较低，对新兴的生产性服务业需求较少。

表 5 – 19　　2012 年京津冀制造业整体对生产性服务业各行业的中间需求率

行业	北京	天津	河北
生产性服务业	0.2579	0.0852	0.0521
批发和零售业	0.0116	0.0017	0.0007
交通运输、仓储和邮政业	0.0543	0.0445	0.0303
住宿和餐饮业	0.0262	0.0092	0.0051
信息传输、软件和信息服务业	0.0511	0.0041	0.0026
金融业	0.0124	0.0031	0.0053
房地产业	0.0073	0.0014	0.0006
租赁和商务服务业	0.0219	0.0121	0.0033
科学研究和技术服务业	0.0732	0.0091	0.0043

资料来源：2012 年《北京投入产出表》《天津投入产出表》《河北投入产出表》计算所得。

（二）京津冀生产性服务业对制造业各产业的中间投入

根据 2012 年《北京投入产出表》《天津投入产出表》《河北投入产出表》，分别计算了京津冀生产性服务业整体对制造业内部各行业的中间投入率，其结果（见表 5 – 20）显示北京与天津制造业对生产性服务业的带动能力比较强，而河北省处于劣势。北京生产性服务业对专用设备、食品和烟草、仪器仪表、木材加工品和家具、电气机械和器材的投入比重较高；天津生产性服务业对石油、炼焦产品和核燃料加工品、化学产品、非金属矿物制品、专用设备、通用设备的投入比重较高；河北生产性服务业对纺织品、木材加工品和家具、食品和烟草、电气机械和器材、化学产品的投入比重较高。由此可见，北京生产性服务业对高端制造业的投入没有处于绝对优势，应加大对高技术制造业的投入力度，疏解北京高端制造业中不具有优势产业的制造业向津冀转移。天津生产性服务业与资源密集型制造业投入比较高，应进一步加大向技术密集型制造业转移。河北生产性服务业主要投入劳动密集型制造业，基础制造业占据优势；河北与北京、天津的差距很大，向技术密集型制造业转移的任务更重，其高端制造业与整体生产服务业都有待提高。

表 5 - 20   2012 年京津冀生产性服务业整体对制造业内部各行业的中间投入率   单位：%

行业	北京	天津	河北
食品和烟草	18.41	8.96	10.12
纺织品	11.12	8.18	17.35
纺织服装、鞋、帽、皮革、羽绒及其制品	14.32	8.92	8.11
木材加工品和家具	16.06	9.23	12.44
造纸印刷和文教体育用品	11.40	8.17	6.39
石油、炼焦产品和核燃料加工品	8.12	14.51	7.04
化学产品	13.07	13.46	9.11
非金属矿物制品	12.99	12.35	7.01
金属冶炼和压延加工品	6.61	7.83	6.15
金属制品	9.95	8.08	4.54
通用设备	15.70	10.27	7.56
专用设备	19.00	10.43	5.35
交通运输设备	14.58	7.28	3.85
电气机械和器材	16.02	9.61	9.31
通信设备、计算机和其他电子设备	15.01	9.44	5.13
仪器仪表	17.23	10.07	8.44
其他制造产品	13.58	10.44	9.18

资料来源：2012 年《北京投入产出表》《天津投入产出表》《河北投入产出表》计算所得。

（三）京津冀制造业与生产性服务业各产业的影响力

根据 2012 年《北京投入产出表》《天津投入产出表》《河北投入产出表》，分别计算了京津冀生产性服务业、制造业的影响力系数，其中北京制造业影响力系数大于 1 的产业有交通运输设备、通信设备、计算机和其他电子设备、化学产品，说明这些产业的影响力系数大于社会平均水平，它的发展可以带动其他产业的发展。生产性服务业中除了住宿和餐饮业外其他七个产业的影响力系数均大于 1，说明北京生产性服务业对其他产业的后向投入行业的带动能力较强。天津制造业影响力系数大于 1 的产业有金属冶炼和压延加工品、通信设备、计算机和其他电子设备、交通运输设备、食品和烟草、石油、炼焦产品和核燃料加工品，相比较于北京制造业影响力系数更高，具有比较优势。生产性服务业中交通运输、仓储和邮政业、批发和零售业、金融业的影响力系数大于1，前两者均属于传统型生产性服务业，说明天津生产性服务业整体对其他产业的后向联系不大。河北制造业影响力系数大于1的产业有金属冶炼和压延加工品、化学产品、食品和烟草、石油、炼焦产品和核燃料加工品、金属制品，均属于中低端制造业。生产性服务业中交通运输、仓储和邮政业、批发和零售业的影响力系数大于1，与天津的相似均属于传统型生产性服务业，说明河北生产性服务业整体对其他产业的后向联系不大。京津冀制造业与生产性服务业影响力系数见表5-21。

表5-21   京津冀制造业与生产性服务业影响力系数

产业（影响力系数）	北京	天津	河北
食品和烟草	0.820	2.164	2.022
纺织品	0.043	0.083	0.932
纺织服装、鞋、帽、皮革、羽绒及其制品	0.198	0.349	0.802
木材加工品和家具	0.099	0.110	0.227
造纸印刷和文教体育用品	0.289	0.480	0.541
石油、炼焦产品和核燃料加工品	0.659	1.193	1.448
化学产品	1.191	2.374	2.419
非金属矿物制品	0.464	0.309	1.084
金属冶炼和压延加工品	0.271	5.068	6.924
金属制品	0.342	0.929	1.357
通用设备	0.558	0.986	0.818
专用设备	0.491	0.568	0.620
交通运输设备	2.574	2.523	0.967
电气机械和器材	0.669	0.873	0.974
通信设备、计算机和其他电子设备	1.979	2.864	0.200
仪器仪表	0.217	0.137	0.039
其他制造产品	0.059	0.169	0.021
批发和零售业	3.159	2.276	1.341
交通运输、仓储和邮政业	2.545	2.935	2.605
住宿和餐饮	0.954	0.691	0.448
信息传输、软件和信息服务业	2.533	0.390	0.359

续表

产业（影响力系数）	北京	天津	河北
金融业	3.202	1.404	0.929
房地产	1.675	0.740	0.677
租赁和商务服务业	1.932	0.941	0.266
科学研究和技术服务业	2.892	0.873	0.358

资料来源：2012 年《北京投入产出表》《天津投入产出表》《河北投入产出表》计算所得。

（四）京津冀制造业对生产性服务业各产业的感应度

根据 2012 年《北京投入产出表》《天津投入产出表》《河北投入产出表》，分别计算了京津冀生产性服务业、制造业的感应度系数（见表 5 – 22），其中北京制造业感应度系数大于 1 的产业有通信设备、计算机和其他电子设备、金属冶炼和压延加工品、化学产品、交通运输设备，意味着这些产业的前向关联度比较大，其中高技术制造业作为资本和技术品投入，可以增加产品生产的"迂回"程度，提高分工和专业化程度，并能提升生产过程中的技术水平和生产效率。天津、河北制造业中感应度系数均大于 1 的行业是金属冶炼和压延加工品、石油、炼焦产品和核燃料加工品、化学产品，均属于低端加工型，高端制造业对其他产品的前向关联度不大。京津冀生产性服务业中只有交通运输、仓储和邮政业、金融业的感应度系数均大于 1，此外北京、天津生产性服务业中租赁服务业的感应度系数均大于 1，说明京津冀生产性服务业的信息化程度不高，对高端制造业的后向带动能力不足。

表 5 – 22　　　　　　京津冀制造业与生产性服务业感应度系数

产业	北京	天津	河北
食品和烟草	0.51	0.78	0.89
纺织品	0.13	0.21	0.31
纺织服装、鞋、帽、皮革、羽绒及其制品	0.09	0.06	0.19
木材加工品和家具	0.18	0.14	0.20
造纸印刷和文教体育用品	0.86	0.52	0.65
石油、炼焦产品和核燃料加工品	0.75	1.32	1.37

续表

产业	北京	天津	河北
化学产品	1.54	2.08	2.20
非金属矿物制品	0.91	0.93	0.80
金属冶炼和压延加工品	1.75	4.91	4.75
金属制品	0.53	0.84	0.99
通用设备	0.52	0.74	0.33
专用设备	0.34	0.46	0.15
交通运输设备	1.00	1.18	0.22
电气机械和器材	0.71	0.61	0.59
通信设备、计算机和其他电子设备	2.03	1.83	0.17
仪器仪表	0.43	0.17	0.04
其他制造产品	0.04	0.12	0.08
批发和零售业	1.72	1.39	0.51
交通运输、仓储和邮政业	1.88	1.71	1.58
住宿和餐饮	0.59	0.25	0.23
信息传输、软件和信息服务业	0.64	0.11	0.27
金融业	1.64	1.00	1.07
房地产	0.59	0.27	0.14
租赁和商务服务业	1.61	1.18	0.33
科学研究和技术服务业	0.62	0.11	0.08

资料来源：2012 年《北京投入产出表》《天津投入产出表》《河北投入产出表》计算所得。

通过对京津冀生产性服务业与制造业的中间需求率、中间投入率、影响力系数、感应度系数的测度与比较，得出以下结论：北京高端制造业与生产性服务业的产业关联程度还不够充分，知识型生产性服务业未能很好地发挥对制造业的产业转型和升级作用。津冀制造业对生产性服务业的需求停留在传统服务业上，处在产业价值链的末端。北京生产性服务业对制造业的要素投入趋于高级化，对制造业的促进作用明显。天津生产性服务业对制造业的促进作用有限。河北省生产性服务业对制造业中间投入处在初级阶段。天津制造业影响力和感应度整体大于北京、河北；而北京生产性服务业影响力和感应度整体大于天津、河北。京津冀生产性服务业对高端制造业的嵌入有限，使得制造业服务化程度较低，不利于京津冀产业协同发展。

第五节　本章小结

本章构建了京津冀产业协同发展机制模型，首先，从空间集聚和企业微观视角构建演化博弈模型，发现博弈结果为生产性服务业与制造业同进同退。即"生产性服务业进，制造业进""生产性服务业不进，制造业不进"，为二者之间的相互融合、达到协同的关系准备了条件。其次，将信息流、知识流作为新序参数，提出协同机制模型构建思路，构建了京津冀生产性服务业与制造业协同机制负反馈控制系统模型；最后基于制造业和生产性服务业组成的系统具有较为典型的非稳定性系统的行为特征，分析了包含信息技术子系统、金融服务子系统、人才流动子系统、科技创新子系统、物流仓储子系统、政策支持子系统的动力学系统，构建了生产性服务业与制造业协同演化机制。

实证分析了京津冀地区生产性服务业与制造业的协同特征，从实证结果来看，首先，从各自地区的情况看，京津冀生产性服务业和制造业之间分别都存在长期均衡的协整关系，但是，北京生产性服务业与制造业之间的这种互动耦合性并不强，天津生产性服务业和制造业之间的互动耦合性是强于北京的，河北省生产性服务业和制造业之间的互动耦合性是弱于天津和北京的。

其次，从区域间的相互影响看，北京生产性服务业影响天津生产性服务业发展时主要表现为服务功能，从长期来看，北京生产性服务业能够带动天津生产性服务业的发展，北京制造业对天津生产性服务业存在一定的间接促进作用，同时，北京制造业对天津生产性服务业的影响远小于北京生产性服务业对天津生产性服务业的影响；北京制造业对天津制造业一直都存在稳定的促进作用，但这种促进作用并没有呈现持续增强的趋势，天津承接北京的制造业只是将北京制造业挪到天津来生产，并没有根据天津的自身需求而进行进一步的自主创新。通过测算北京与河北省各市区的潜力值，确定了京冀两产业协同的圈层特征，进一步梳理了两产业协同的方向。

再次，京津冀生产性服务业与制造业互动发展的不同阶段却表现出非均衡性的特点：（1）区域内生产性服务业对制造业的作用强度与制造业对生产性服务业的作用强度是不一致的，是非均衡的；（2）区域间某地区的生产性服务业与制造业对另一区域的生产性服务业的作用强度不一致，区域间某地区的生产性服务业与制造业对另一区域的制造业的作用强度也是不一致、非均衡的。

最后，通过产业细分行业的关联性分析可知，北京生产性服务业对制造业的促进作用明显；天津生产性服务业对制造业的促进作用有限；河北省生产性服务业对制造业中间投入处在初级阶段。天津制造业影响力和感应度整体大于北京、河北；而北京生产性服务业影响力和感应度整体大于天津、河北，说明北京生产性服务业尤其高端生产性服务业发展水平较高，对天津和河北制造业影响较大。而天津制造业水平高于北京和河北，天津制造业具有优势，与北京高端生产性服务业具有协同发展基础。京津冀生产性服务业对高端制造业的嵌入有限，使得制造业服务化程度较低，不利于京津冀产业协同发展。

第六章

京津冀生产性服务业与制造业协同的驱动因素

从前文的研究发现，生产性服务业与制造业两者之间存在产业关联，并呈现出互动融合的趋势，但是京津冀生产性服务业与制造业协同程度尚未得到实证检验，产业协同发展的重要驱动因素有哪些？本章首先从京津冀两产业协同程度驱动因素模型出发，提出七个驱动因素理论假设。其次，使用耦合协调度模型，选取规模指标、成长指标和效益指标，对京津冀两产业协同发展程度进行实证。最后，构建面板数据模型，找出驱动京津冀两产业协同发展的关键因素，为进一步梳理京津冀两产业协同发展的路径与对策建议奠定基础。

第一节 生产性服务业与制造业协同驱动因素识别

一、基于产业层面的驱动因素

产业间协同从产业层面来看受到产业规模的影响（Herbert，2004）[204]，借鉴吴福象（2014）[205]的方法，假定经济中只存在一个机器设备制造产业，并且只有 1 个企业可以生产设备最终品。该产业中的每一个就业人员具有 1 单位的劳动禀赋，且就业总人数设为 L。生产性服务业均为差异化、专业化的供应商，且每个供应商指定生产一种中间服务品，并且服务中间品具有一个连续统，记为：$x \in [0, 1]$。设备制造商则采取劳动和生产性服务生产机器设备，并由 L 工人操作使用。设备制造商可以是一个组装企业，通过使用劳动和专业化的生产性服务把原材料、零部件以及半成品等组装起来。机器设备制造企业的生产函数可以表示如下：

$$f(l, m(x)) = l^{1-\alpha}\left(\int_0^1 m(x)^\mu d_x\right)^{\alpha/\mu} \tag{6.1}$$

其中，l 表示机器设备生产企业所直接使用的劳动力数，$m(x)$ 表示单位生产性服务中间品 x 的投入。生产函数具有 C – D 生产函数 $f(1, M) = l^\alpha M^{1-\alpha}$，其中 m 表示生产过程中所投入的全部服务中间品，其函数形式为 CES 形式，并且具有不变规模报酬和不变替代弹性的特征，因此其生产函数可以写作：

$$M = \left(\int_0^1 m(x)^\mu d_x\right)^{1/\mu} \tag{6.2}$$

专业化生产性服务企业生产 1 单位的服务中间品，相应地需要 1 单位劳动力，机器设备生产企业可以选择自己生产也可以从外部专业化生产性服务供应商那里购买。

假设机器设备制造企业自己生产需要投入一定比例的额外的成本 λ，其主要是协调成本，那么如果要生产 $m(x)$ 单位的生产性服务 x，将会带来机器设备制造企业 $(1+\lambda)m(x)$ 劳动力的增加。假定 $(1+\lambda) > (1/\mu) > 1$，那么协调成本足够高，才能保证均衡的存在。专业化生产性服务业提供商不发生协调成本，但发生固定成本 U，交易成本 θ，则需要承担的劳动成本为 $m(x) + U + \theta$。因此，专业化的生产性服务业带来的缺陷是增加一定固定成本和交易成本。

假定产品价格为 1，则产量等于其价值。再设定劳动力工资为 ω，外部购买生产性服务为 S，自己制造的生产性服务数量为 $1 - S$，价格为 $P(x)$。制造企业选择最优的劳动数量 l 和从外部购买的生产性服务数量 $m(x)$，从而实现利润最大化：

$$\max\left\{l^{1-\alpha}\left(\int_0^1 m(x)^\mu d_x\right)^{\alpha/\mu} - \int_0^s p(x)m(x)d_x - \int_s^1 (1+\lambda)\omega m(x)d_x - \omega l\right\} \tag{6.3}$$

其中，第一部分为总产出价值；第二部分为从外部购买生产性服务业带来的劳动成本；第三部分为制造业企业自己生产生产性服务业中间品的劳动总成本；第三、四部分为制造业企业生产机器设备的劳动成本。

假定购买生产性服务厂商的均衡产出为 m_s，均衡价格为 p_s，制造企业自身生产中间品的均衡产出为 m_I，则 m_s 和 m_I 的一阶条件如下：

$$\alpha l^{1-\alpha}\left(\int_0^1 m(x)^\mu d_x\right)^{(\alpha-\mu)/\mu} m_s^{\mu-1} = p_s \tag{6.4}$$

并且

$$\alpha l^{1-\alpha} \left(\int_0^1 m(x)^\mu d_x \right)^{(\alpha-\mu)/\mu} m_I^{\mu-1} = (1+\lambda)\omega \tag{6.5}$$

式 (6.4) 与式 (6.5) 合并方程得出：

$$\left(\frac{m_I}{m_s} \right)^{\mu-1} = \frac{(1+\lambda)\omega}{p_s} \tag{6.6}$$

专业化服务中间品企业的利润最大化 $p_s = \omega / \mu$，假定生产性服务产品供应商可以自由进入市场，那么专业化生产性服务厂商的零利润条件为：

$$\omega m_s / \mu = \omega(m_s + U + \theta) \tag{6.7}$$

根据均衡产出的销售收入等于总成本，计算得出：

$$m_s = \frac{\mu(U+\theta)}{1-\mu} \tag{6.8}$$

再把 $p_s = \omega / \mu$ 代入式 (6.8) 中得出：

$$m_I = [(1+\lambda)\mu]^{1/(\mu-1)} m_s \tag{6.9}$$

由于假定的生产函数是柯布—道格拉斯形式，那么生产企业劳动力数量 $(1-\alpha)L$，则剩下的劳动力则分配给专业化服务中间品生产厂商，因此得出：

$$s(m_s + U + \theta) + (1-s)(1+\lambda)m_I = \alpha L \tag{6.10}$$

由式 (6.22)、式 (6.23)、式 (6.24) 得出：

$$s = \frac{\alpha L(1-\mu)/\mu(U+\theta) - (1+\lambda)[(1+\lambda)\mu]^{1/(\mu-1)}}{1/\mu - (1+\lambda)[(1+\lambda)\mu]^{1/(\mu-1)}} \tag{6.11}$$

那么，$\partial_s / \partial_L = \dfrac{[\alpha(1-\mu)]/[\mu(U+\theta)]}{1/\mu - (1+\lambda)[(1+\lambda)\mu]^{1/(\mu-1)}} > 0$ （6.12）

由于 S 的取值范围为 [0, 1]，因此得出 L 的两个关键值：

$$L \leq L_1 = \frac{(U+\theta)[(1+\lambda)\mu]^{\mu/(\mu-1)}}{\alpha(1-\mu)}, \quad s = 0$$

$$L \geq L_2 = \frac{U+\theta}{\alpha(1-\mu)}, \quad s = 1 \tag{6.13}$$

由于 $(1+\lambda)\mu > 1$，并且 $\mu/(\mu-1) < 0$，因此可以得出：$L_1 < L_2$。故提出本书的理论假设 1。

理论假设 1：生产性服务业与制造业的协同程度，与生产性服务与制造业的垂直分离程度呈正相关，并且随制造业企业产业规模的扩大程度而递增。

当制造业企业规模很小时，即 $L \leq L_1$，制造业所需要的中间服务产品由自身企业来生产，生产性服务业企业嵌入制造业的产业价值链中的机会较小；当企业规模达到一定程度，即 $L_1 \leq L \leq L_2$ 时，制造业企业开始把内置的非核心生产性服务价值链环节分离出来，转而从外部购买专业化的生产性服务；当规模继续扩大

到 $L \geqslant L_2$ 时，制造业企业将非核心的生产性服务环节全部外包，本身专注最核心的生产性服务，从而成为自己企业的总部。

二、基于要素层面的驱动因素

产业间协同需要各种生产要素的交流和合作，从要素层面来看，交易成本、人力资本和技术是驱动产业协同的重要影响因素。为简化分析，将京津冀地区简化为两个地区，通过构建一个两地区、多部门模型分析生产性服务业与制造业协同受交易成本、人力资本和技术进步的影响。

模型假设存在两个地区 r 和 s、两种劳动力、四种产业，其中劳动力分为普通员工和企业家，分别记为 L 和 H，设每个地区分别只有一名企业家，而普通员工数量供给无限，两个地区的普通劳动力人数分别为 L_r 和 L_s，$L_s + L_r = L$。四种产业分别为：生产性服务业、消费性服务业、制造业和 R&D 部门。

（一）生产分析

1. 服务业

假设消费性服务业使用普通员工作为唯一投入要素，具有完全竞争和规模报酬不变的特征，位于 s 地区的生产性服务业，使用专利技术和普通员工作为投入要素，则其产品 i 的价格和利润分别为

$$P(i) = \sigma / (\sigma - 1) \tag{6.14}$$

$$\pi(i) = x^s(i) / (\sigma - 1) \tag{6.15}$$

其中 $x^s(i)$ 为商品 i 的数量，$\sigma > 1$ 为生产性服务业产品之间的替代弹性。

2. 制造业

r 地区制造业使用普通员工和生产性服务业的产品作为投入要素，服从完全竞争和规模报酬不变规律，生产函数如下式所示：

$$M_r = I^\alpha L_{mr}^{1-\alpha}, \ 0 < \alpha < 1 \tag{6.16}$$

其中 $I = \left[\int_0^n x^d(i)^{1-1/\sigma} d_i \right]^{\sigma/(\sigma-1)}$ 表示生产性服务业产品的投入量，L_{mr} 表示普通劳动力投入量，α 和 $1-\alpha$ 分别代表两种生产要素的投入份额。则 r 地区制造业利润为

$$\pi_{mr} = P_{mr}M_r - L_{mr} - \int_0^{nr} p(i)x_r^d(i)^{1/1-\sigma} d_i - \gamma_I \int_0^{nr} p(j)x_s^d(j)^{1-1/\sigma} d_j \tag{6.17}$$

其中 M_r 表示 r 地区制造业产品的产量，γ_I 为跨区域交易成本。根据利润最大化条件可得：

$$x_r^d(i) = \alpha(1-1/\sigma)^\sigma p_{mr} M_r p_{Ir}^{\sigma-1} \tag{6.18}$$

$$x_s^d(j) = \alpha(1-1/\sigma)^\sigma p_{mr} M_r p_{Ir}^{\sigma-1} \gamma_I^{-\sigma} \tag{6.19}$$

$$l_{mr} = (1-\alpha)p_{mr} M_r \tag{6.20}$$

$$p_{mr} = p_{Ir}^\alpha \tag{6.21}$$

其中 $p_{Ir} = \sigma(n_r + n_s\gamma_I^{1-\sigma})^{1/(1-\sigma)}/(\sigma-1)$，表示 r 地区生产性服务业产品价格指数。

3. R&D 部门

假设研发部门投入企业家才能研发生产性服务业所需的生产要素，根据 Fujita 和 Thisse（2002）[206] 的假设，企业家才能与其知识存量 n 成正比，且具有规模收益递增的特征，即一个地区的企业家份额越高，生产率越高。记 r 地区企业家 R&D 生产率为

$$\frac{d_{nr}}{d_t} = n(\lambda_r + \eta\lambda_s) \tag{6.22}$$

其中 λ_r 和 λ_s 分别代表 r 和 s 地区企业家劳动力份额，η 代表企业家知识溢出系数。则：

$$\frac{d_n}{d_t} = \frac{d_{nr}}{d_t} - \frac{d_{ns}}{d_t} = ng(\lambda_r) = n[2(1-\eta)\lambda_r^2 - 2(1-\eta)\lambda_r - 1] \tag{6.23}$$

其中 $g(\lambda_r) = \lambda_r(\lambda_r - \eta\lambda_s) - \lambda_s(\lambda_s - \eta\lambda_r) = 2(1-\eta)\lambda_r^2 - 2(1-\eta)\lambda_r - 1$，代表专利技术增长率。当 $\eta=1$ 时，$g(\lambda)=1$；当 $\eta<1$ 时，$g(\lambda)'<0$，意味着当两个地区的技术外溢衰减度较小时，技术进步率越高，进而可以提高企业家生产率和总产出。由此可以提出本书的理论假设 2。

理论假设 2：生产性服务业与制造业的协同与技术进步和协同程度成正比，随着技术进步和技术的高质量外溢，可以提高产业协同水平。

假设研发部门面临完全竞争市场，即专利技术价格等于边际成本，则 r 地区企业家工资为：

$$w_r^* = \pi_r n(\lambda_r + \eta\lambda_s) \tag{6.24}$$

其中 π_r 为单位成本。

（二）消费分析

假设居民（既包括普通员工，也包括企业家）消费函数形式都相同，为

$$U_t = \int_\tau^{-\infty} \ell^{-\rho(\tau-t)} \ln v_\tau d\tau \tag{6.25}$$

$v_\tau = \dfrac{M_\tau^\mu Z_\tau^{1-\mu}}{\mu^\mu(1-\mu)^{1-\mu}}$ 表示 τ 时刻的瞬时效用，$0<\rho<1$ 为效用随时间的衰减系

数，M 和 Z 分别代表对制造业产品和消费性服务业产品的消费，μ 表示制造业产品的消费份额。

r 地区居民在 τ 时刻的消费支出为

$$e_{r\tau} = Z_{r\tau} + M_{r\tau}/p_{mr\tau} \tag{6.26}$$

则瞬时效用函数可写为

$$v_{r\tau} = e_{r\tau}(p_{mr\tau})^{-\mu} \tag{6.27}$$

假设消费者 i 的初始时刻资产为 α_i，则其跨期预算约束为

$$\int_0^{-\infty} e^{-\xi(\tau)\tau} W_{ri}(t)d_t + \alpha_i \tag{6.28}$$

（三）均衡分析

由式（6.18）~式（6.21）可得 r 地区生产性服务业产品 i 的均衡产量：

$$x_r^*(i) = \alpha[p_{mr}M_r/(n_r + n_s\delta_I) + p_{ms}M_s/(n_r + n_s\delta_I)](1 - 1/\sigma) \tag{6.29}$$

均衡利润为

$$\pi_r^*(i) = x_r^*(i)/(\sigma - 1) \tag{6.30}$$

劳动力市场均衡为

$$L = L_{zr} + L_{zs} + L_{mr} + L_{ms} + n_r x_r^*(i) + n_s x_s^*(j) \tag{6.31}$$

将式（6.18）~式（6.21）代入式（6.31），可得总支出 E：

$$E = \sigma L/(\sigma - \alpha\mu) \tag{6.32}$$

因为两地生产性服务业均面临完全竞争市场，由式（6.16）、式（6.18）~式（6.21）可知：

$$p_{mr}M_r/p_{ms}M_s = (n_r + \delta_I n_s)/(n_s + \delta_I n_r) \tag{6.33}$$

当生产与消费实现均衡时，有

$$p_{mr}M_r = \mu E_r p_{ms}M_s = \mu E_s \tag{6.34}$$

$$p_{mr}M_r + p_{ms}M_s = \mu E \tag{6.35}$$

$$n_r/n = [E_r - \delta_I E_s]/[\mu E(1 - \delta_I)] \tag{6.36}$$

$$n_r/n = [E_r - \delta_I E_r]/[\mu E(1 - \delta_I)] \tag{6.37}$$

此时生产性服务业均衡利润为

$$\pi_r^* = \alpha\mu E/\sigma n \tag{6.38}$$

设初始时刻技术水平为 n_0，则 t 时刻技术水平为

$$\pi_r^* = \alpha\mu E/\sigma n \tag{6.39}$$

根据式（6.38），t 时刻生产性服务业总产值为

$$\prod(t) = \int_t^\infty e^{-\rho(\tau-t)} \alpha\mu E/[\sigma n(\tau)]d_\tau = \alpha\mu E/[\sigma(\rho+g(\lambda))] = \alpha^*(\lambda)$$

$$(6.40)$$

将上式代入式（6.24）得 r、s 两地企业家均衡工资为

$$w_r^* = \prod_r n(\lambda_r + \eta\lambda_s) \tag{6.41}$$

$$w_s^* = \prod_s n(\lambda_s + \eta\lambda_r) \tag{6.42}$$

则此时两地区总支出分别为

$$E_r(\lambda) = L_r + \lambda\alpha^*(\lambda)[\rho + (\lambda_r + \eta\lambda_s)] \tag{6.43}$$

$$E_s(\lambda) = L_s + (1-\lambda)\alpha^*(\lambda)\{\rho + [(1-\lambda)_r + \eta(1-\lambda)_s]\} \tag{6.44}$$

以上分析表明，高级劳动力份额 λ 的提高将带动消费需求，进而提高地区总支出水平。由此可以提出理论假设3。

理论假设3：生产性服务业与制造业的协同程度，随着人力资本的提升会促进二者的分离，进而加速协同。

记 $\psi(\lambda) = E_r(\lambda)/E_s(\lambda)$，由于 $\dfrac{dE_r(\lambda)}{d\lambda} > 0$ 而 $\dfrac{dE_s(\lambda)}{d\lambda} < 0$，因此 $\dfrac{d\Psi(\lambda)}{d\lambda} > 0$，且可以证明 $\psi(1) = \xi\psi(0.5) = 1$，$\psi(0) = 0$。其中 $\xi = (\sigma+\alpha\mu)/(\sigma-\alpha\mu)$，当跨区域交易成本较高（$\gamma_I > \xi^{1/(\sigma-1)}$）时，结合式（6.36）~式（6.37），有

$$\{X_s^*(i) = \alpha\mu E(\sigma-1)/(n\sigma)$$
$$p_{Is} = n^{1/1-\sigma}\sigma/(\sigma-1)$$
$$p_{Ir} = \gamma_I p_{Is}\}$$

$$(6.45)$$

在这种情况下，两地同时发展生产性服务业，不利于实现产业协同。反之，若 λ 足够接近0或1且交易成本较小，则仅有高收入地区提供生产性服务，可形成梯度性产业发展结构，实现产业协同。京津冀地区劳动力分布呈明显集聚现象，即 λ 满足接近0或1的条件。因此提出理论假设4。

理论假设4：生产性服务业与制造业的协同程度，可通过降低市场交易成本来提升，产业协同程度随着成本的下降而递增。

三、基于环境层面的驱动因素

驱动产业协同发展除了受到产业规模、生产要素的影响以外，产业发展离不开赖以生存的环境，初步判断包括外部动力、政府政策和生态环境等环境因素对产业协同产生很大影响。

（一）外部动力

京津冀作为我国北方沿海经济热点，外商投资的引入对其产业发展存在重要影响，不仅弥补了产业发展中的资金缺口，而且从专利技术、管理技能、经营理念等方面为产业发展注入新的活力。本书认为，外商投资对京津冀产业协同的作用通过以下四个渠道实现：

一是通过产业资本的引入实现生产要素的合理、高效配置。外来资本通过支持那些值得投资的产业发展，为其注入大量资金，使它们获得更快发展，并逐步淘汰落后产业。二是通过非资本类要素的引入实现产业升级与协同发展。专利技术是产业发展的核心动力，外商投资有利于本土企业引进吸收先进技术，有利于自身产品的更新换代，另外，通过学习国外管理经验，本土企业将意识到合作的重要性，有利于深化管理者对产业协同的认识。三是通过加剧市场竞争促进产业协同。外商资本的进驻带来的竞争使本土企业面临更大的生存压力，迫使其通过沟通与合作提高自身竞争力。四是通过政府对投入资本的合理引导，实现产业协同。例如政府可以通过在特定范围内建立经济技术开发区，鼓励外商在此处的投资，强化产业之间的合作。

总之，外部投资对京津冀制造业与生产性服务业协同的作用机制如图6-1所示，据此可以提出理论假设5。

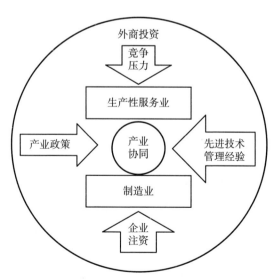

图6-1　外部投资对产业协同的作用机制

理论假设5：生产性服务业与制造业的协同程度与外部资本注入相关，产业协同程度随着外商投资的增加而递增。

（二） 政府政策

随着京津冀协同发展上升为国家战略，京津冀区域产业发展在遵循市场规律的同时，也必然会受到政府政策的影响。本书通过构建一个包含政府、分离产业、协同产业和新进企业的博弈模型，分析政府行为对生产性服务业与制造业协同的影响。模型基本假设如下：

（1）假设一个区域的生产性服务业与制造业企业既可以单独发展，也可通过形成产业集群实现协同，这两种情况分别记为分离产业 B 和产业集群 A，预期利润率分别为 r_1 和 r_2。由于产业协同可能发生失调的风险，这里假设 $r_1 < r_2$。

（2）处于产业分离状态的 B 类企业数量为 m，B 类企业可以选择继续维持现状，或是退出本地区到其他地区发展，假设企业迁徙不会影响其利润率。

（3）政府 G 对企业按资本规模征收税率为 t 的所得税，政府的策略选择是鼓励或是不鼓励产业协同，若扶持产业协同，所需的支出为 S，且对分离产业的企业 B 征收税率为 e_3 的额外税。

（4）若产业集群 A 得到了政府扶持，可获得增益利润率 e_1，即有 $S = Ke_1$。

（5）假设有一个新兴企业 C，资本规模为 K，在分离发展 B 和形成协同产业集群 A 之间做出选择，如果企业选择协同，还可以通过溢出效应推动 B 的发展，记利润率的增长为 e_2。

博弈树如图 6-2 所示，括号中分别代表企业和政府收益。

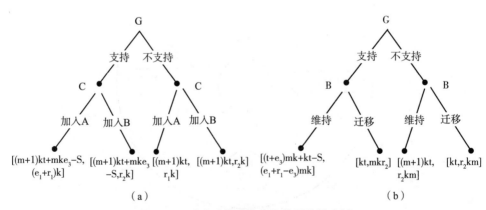

图 6-2　政府政策影响产业协同的博弈树

由图 6-2（a）可知，根据逆向归纳法，若政府不采取支持策略，由于 $r_1 < r_2$，企业的最优选择为加入 B，即不参与产业协同。因此要想促使区域产业协同，政府的选择将是采取支持政策。当政府采取支持策略时，若 $r_1 + e_1 > r_2$，即 S > $K(r_2 - r_1)$ 时，企业 C 将参与产业协同。因此，当政府支持力度足够大时，可以促进产业协同度的提高。

由图 6-2（b）可知，如果政府支持企业 C 加入产业协同，原有分离产业的企业面临维持原状，或是通过迁移到区域外来避免竞争的选择。当 $e_2 > e_3$ 时，B 决定维持原状，否则将离开。接着考虑政府的决策，如果企业 B 离开，政府将损失相应税收，因此政府应令 S < mKe_3，使 B 获得的协同溢出收益大于额外缴纳的税款。

综上所述，政府对产业协同的支持 S 应满足条件：$K(r_2 - r_1) <$ S < mKe_3，使博弈实现"企业 C 加入产业协同，企业 B 维持原状发展，政府获得合理税收"的"三赢"均衡。因此，本书提出理论假设 6。

理论假设 6：产业协同度受政府政策支持的影响，政府的鼓励政策有利于加速产业协同。

（三）生态环境

生态环境"瓶颈"制约是京津冀协同发展的切肤之痛，中国环境监测总站对全国第一批实施新空气质量标准的 74 个城市进行了空气质量评价，相关数据显示，近年来，京津冀及周边地区大气环境质量同比有所改善，但仍是我国大气污染最重的区域，优良天数比例为 56.8%，比全国平均比例低 22 个百分点；重度及以上污染天数比例为 9.2%，比全国平均比例高 6.6 个百分点。74 个城市环境空气质量综合指数排名相对较差的 10 个城市中 5 个以上城市位于京津冀区域。粗放型经济增长模式的弊端，在京津冀地区日益凸显，生态环境治理迫在眉睫。

尹新哲（2010）分析了资源和环境约束下的产业耦合成长规律，认为在生态农业与生态旅游业耦合形成的产业系统中，产业合作比产业竞争对资源的消耗更具有持续性，合作性产业可通过对基于不可再生资源生产的产品进行价格控制，以延长资源的消耗时间。另外，在资源消耗和环境污染的约束下，产业增长路径在不同情况下表现不同，在考虑污染治理的情况下，经济增长向稳态收敛速度保持不变，而若不考虑对污染的治理，系统增长路径受资源可替代性影响，耦合产业污染产生的分离产业净收益等于其总边际损失[207]。与尹新哲的分析类似，制造业作为资源消耗产业，在与生产性服务业耦合过程中也将受到资源环境约束，因此，可以提出理论假设 7。

理论假设7：生产性服务业与制造业的协同受资源环境约束，京津冀地区污染越严重，越不利于产业协同发展。

第二节 生产性服务业与制造业协同度实证

一、耦合协调度模型

耦合一词源于物理学的概念，产业耦合指两个或两个以上的产业子系统通过相互作用而相互影响的过程。耦合系统内部的子系统序参量之间通过协同作用，从无序走向有序，而耦合度正是这种协同作用的度量。由此，制造业与生产性服务业作为两个产业子系统，它们之间通过各自的耦合元素产生的彼此影响的程度定义为"生产性服务业—制造业系统"的耦合度，其大小反映了二者协同发展的程度。参考廖重斌（1999）、张林（2015）、王必锋和赖志花（2016）、崔向林和罗芳（2017）等人的研究[208~211]，生产性服务业与制造业的协同发展程度模型下文将详细描述。

（一）生产性服务业与制造业的耦合模型

设生产性服务业和制造业两个子系统的序参量分别为 $\mu_{ij} = (\mu_{i1}, \mu_{i2}, \cdots, \mu_{in})$，$i = 1$ 表示生产性服务业子系统，$i = 2$ 表示制造业子系统。首先对数据进行标准化处理，以消除量纲。X_{ij} 为指定序参量的当期数值，P_{ij}、q_{ij} 分别是系统稳定临界点序参量参数的最大值和最小值。

$$\mu_{ij} = \frac{X_{ij} - q_{ij}}{P_{ij} - q_{ij}} \quad (\mu_{ij} \text{有正贡献值}) \tag{6.46}$$

$$\mu_{ij} = \frac{P_{ij} - X_{ij}}{P_{ij} - q_{ij}} \quad (\mu_{ij} \text{有负贡献值}) \tag{6.47}$$

μ_{ij} 为变量 X_{ij} 对系统功效贡献的大小，取值在 $0 \sim 1$。

系统的总体性能不仅取决于序参量数值的大小，更重要的取决于它们之间的线性组合。运用集成法则，通过线性加权求和的方法来实现集成。即

$$U_{ij} = \sum_{j=1}^{n} \omega_{ij}\mu_{ij}, \quad \text{其中} \sum_{j=1}^{n} \omega_{ij} = 1 \tag{6.48}$$

U_{ij} 为各子系统的一级指标的综合序参量，ω_{ij} 为各子系统二级指标的权重。那么如何确定指标的权重呢，本书采用熵值权重法，具体步骤为

对标准化的数据 μ_{ij} 进行比重变化得到

$$S_{ij} = \frac{\mu_{ij}}{\sum\limits_{i=1}^{m} \mu_{ij}} \tag{6.49}$$

对指标进行进一步的熵值计算：

$$D_{ij} = -\frac{1}{\ln m} \sum\limits_{i=1}^{m} S_{ij} \ln S_{ij} \tag{6.50}$$

用 W_{ij} 表示熵值的信息效用价值：

$W_{ij} = 1 - D_{ij}$，最后得到各指标的权重：

$$\omega_{ij} = \frac{W_{ij}}{\sum\limits_{j=1}^{n} W_{ij}} \tag{6.51}$$

其中，M 为样本个数，n 表示二级指标个数。

最后确定生产性服务业与制造业的耦合度模型为

$$c = \sqrt{(U_1 \times U_2)/(U_1 + U_2)^2} \tag{6.52}$$

（二）生产性服务业与制造业的协同模型

由于单纯依靠耦合度判定可能导致政策误导，同时各个地区的生产性服务业与制造业的发展都具有交错动态和不平衡的特征，为了准确评价二者之间交错耦合的协同程度，需要构建如下的系统协同程度模型。

$$D = \sqrt{C \times T}; \ T = \alpha U_1 + \beta U_2 \tag{6.53}$$

D 为协调度，C 为耦合度，T 表示系统综合协调指数，反映系统整体协同效应。α 和 β 均为待定参数，根据各子系统的重要性来加以确定，本书在实证过程中将生产性服务业和制造业两个子系统视为同等重要，因此取 $\alpha = \beta = 0.5$。

根据 D 的取值，将耦合协调度进行划分，廖重斌（1999）分为极度失调、严重失调、中度失调、轻度失调、濒临失调、勉强协调、初级协调、中级协调、良好协调、优质协调十个阶段。张林、李雨田（2015）将耦合协调过程分为 6 个阶段，即：严重失调、轻度失调、濒临失调、勉强协调、中度协调、良好协调。王必锋和赖志花（2016）将耦合协调过程分为 4 个阶段，即初级协调、中级协调、高级协调、极度协调。本书在借鉴学者的研究与分来的基础上，将耦合协调过程分为 6 个阶段，如表 6 - 1 所示。

表 6 - 1　　　　　　　　　生产性服务业与制造业耦合协调分类

耦合协调度	协同程度
D≤0.2	严重失调
0.2＜D＜0.4	轻度失调
0.4≤D＜0.5	濒临失调
0.5≤D＜0.6	勉强协调
0.6≤D＜0.8	中级协调
D≥0.8	高级协调

资料来源：作者整理。

二、评价指标体系

计算生产性服务业与制造业的协同发展指数，首先需要构造生产性服务业与制造业协同发展的指标体系。本书按照综合性、科学性、可操作性和层次性原则，构建两大产业的综合评价指标体系，以进一步测算综合评价指数，分别从规模指标、成长指标和效益指标三个方面建立了两个子系统的一级指标体系，而每一个一级指标下又设立 2 个二级指标，如表 6 - 2 所示。

表 6 - 2　　　　　　　生产性服务业与制造业耦合协调度指标选取

制造业指标		生产性服务业指标	
规模指标 X_1	X_{11}：制造业增加值占 GDP 的比重	规模指标 Y_1	Y_{11}：生产性服务业增加值占 GDP 的比重
	X_{12}：制造业从业人数占全社会从业人员比重		Y_{12}：生产性服务业从业人数占全社会从业人员比重
成长指标 X_2	X_{21}：制造业固定资产投资增长率	成长指标 Y_2	Y_{21}：生产性服务业固定资产投资增长率
	X_{22}：制造业从业人数增长率		Y_{22}：生产性服务业从业人数增长率
效益指标 X_3	X_{31}：制造业销售利润率	效益指标 Y_3	Y_{31}：生产性服务业销售利润率
	X_{32}：制造业劳动生产率		Y_{32}：生产性服务业劳动生产率

资料来源：作者整理。

（1）规模指标：规模指标选取时都采用相对指标，用两大产业增加值占当年GDP 的比重表示产值规模的大小；用两大类产业从业人数在全行业内的比重表示产业人力资本的规模大小。

（2）成长指标：良好的成长属性依赖于较好的政策和经济环境，因此用固定资产投资增长率来表示政策上的倾向；而从业人数增长率表示产业的吸纳能力，进而提升成长空间。

（3）效益指标：销售利税率表示产业的盈利能力，用生产税净额与营业收入的比值表示，劳动生产率表示产业的生产运营能力，用产业增加值与该产业总从业人数的比值表示劳动生产率。

在确定指标权重时，为避免单一主观赋权法的局限性，采用主观与客观相结合的方法。其中各一级指标权重由聘请的 8 位专家采用德尔菲法确定，经过评定和均值选取并参考相关文献，专家认为产业发展中产业规模与效益对产业发展较为重要。而其对应的二级指标权重则采用前文所述的熵值法。在对一级指标赋权后，对二级指标计算精确到小数点后四位，权重如表 6 – 3 所示。

表 6 – 3　　　　　生产性服务业与制造业耦合协调度指标权重

制造业指标		权重	生产性服务业指标		权重
规模指标 X_1 （0.3）	X_{11}：制造业增加值占 GDP 的比重	0.5248	规模指标 Y_1 （0.3）	Y_{11}：生产性服务业增加值占 GDP 的比重	0.5215
	X_{12}：制造业从业人数占全社会从业人员比重	0.4752		Y_{12}：生产性服务业从业人数占全社会从业人员比重	0.4785
成长指标 X_2 （0.3）	X_{21}：制造业固定资产投资增长率	0.5134	成长指标 Y_2 （0.3）	Y_{21}：生产性服务业固定资产投资增长率	0.5185
	X_{22}：制造业从业人数增长率	0.4866		Y_{22}：生产性服务业从业人数增长率	0.4815
效益指标 X_3 （0.4）	X_{31}：制造业销售利润率	0.5345	效益指标 Y_3 （0.4）	Y_{31}：生产性服务业销售利税率	0.5312
	X_{32}：制造业劳动生产率	0.4655		Y_{32}：生产性服务业劳动生产率	0.4688

资料来源：作者计算。

三、区域内两业耦合协调度测算

（一）北京生产性服务业与制造业耦合协调度测算结果

通过对以上二级指标和一级指标加权求和，得出北京生产性服务业和制造业的综合评价指数（见表6－4）。从表6－4中可以看出，2010～2015年间，生产性服务业综合评价指数大于制造业综合评价指数，说明制造业发展水平滞后于生产性服务业的发展水平，到2013年二者综合指数较为接近。从前文产业关联分析，可知2012年北京制造业对生产性服务业的需求较高，提升了北京制造业中高端制造的快速发展，使得制造业综合评价指数提高；也间接表明了二者协同发展体系中，产业间的需求与产业综合发展水平存在正相关。

表6－4　　　　　　　　北京生产性服务业与制造业综合评价指数

年份	制造业综合评价指数	生产性服务业综合评价指数
2010	0.218	0.338
2011	0.314	0.279
2012	0.485	0.654
2013	0.704	0.754
2014	0.867	0.898
2015	0.889	0.901

资料来源：作者计算。

在测算出综合评价指数后，按照耦合度和耦合协调度的公式，进一步测算出北京生产性服务业与制造业耦合协调度（见表6－5），结果显示2010～2011年处于轻度失调；2012年处于勉强协调、2013～2015年处于中级协调。从整体上来看，耦合协调度上涨缓慢，协调机制中处于中下等水平，产业间未能形成足以维持可持续发展的产业间作用力。

表 6 - 5   北京生产性服务业与制造业耦合协调度

年份	C	T	D	协调类别
2010	0.488	0.278	0.368	轻度失调
2011	0.499	0.297	0.385	轻度失调
2012	0.494	0.570	0.531	勉强协调
2013	0.500	0.729	0.604	中级协调
2014	0.500	0.883	0.664	中级协调
2015	0.500	0.897	0.696	中级协调

资料来源：作者计算。

（二）天津生产性服务业与制造业耦合协调度测算结果

通过对以上二级指标和一级指标加权求和，得出天津生产性服务业和制造业的综合评价指数（见表 6 - 6）。从表 6 - 6 中可以看出，2010～2015 年间，生产性服务业综合评价指数与制造业综合评价指数较为接近，2013 年具有明显提高的态势。

表 6 - 6   天津生产性服务业与制造业综合评价指数

年份	制造业综合评价指数	生产性服务业综合评价指数
2010	0.136	0.124
2011	0.370	0.166
2012	0.592	0.584
2013	0.768	0.720
2014	0.923	0.956
2015	0.942	0.971

资料来源：作者计算。

在测算出综合评价指数后，按照耦合度和耦合协调度的公式，进一步测算出天津生产性服务业与制造业耦合协调度（见表 6 - 7），结果显示 2010 年处于严重失调、2011 年处于轻度失调、2012 年处于勉强协调、2013～2015 年处于中级协调。从整体上来看，耦合协调度在稳步提高，并且 2015 年天津生产性服务业与制造业耦合协调度高于北京，这与第五章中天津二者之间的互动程度高于北京的结论一致，这也间接地说明二者协同发展体系中，产业间的互动程度与产业协调发展存在正相关。

表6-7　　　　　　　　　天津生产性服务业与制造业耦合协调度

年份	C	T	D	协调类别
2010	0.499	0.130	0.255	严重失调
2011	0.463	0.268	0.352	轻度失调
2012	0.500	0.588	0.542	勉强协调
2013	0.500	0.744	0.610	中级协调
2014	0.500	0.940	0.685	中级协调
2015	0.500	0.951	0.762	中级协调

资料来源：作者计算。

（三）河北省生产性服务业与制造业耦合协调度测算结果

通过对以上二级指标和一级指标加权求和，得出河北省生产性服务业和制造业的综合评价指数，从表6-8中可以看出，2010～2015年间，生产性服务业综合评价指数小于制造业综合评价指数，说明生产性服务业发展水平滞后于制造业的发展水平。从前文产业关联的分析结论中，河北省生产性服务业对制造业的投入明显弱于北京、天津；并且与河北省的产业结构中第二产业大于第三产业的结论相吻合，这也间接地说明二者协同发展体系中，产业关联的投入程度以及产业结构优化升级与产业协调发展存在相关性。

表6-8　　　　　　　河北省生产性服务业与制造业综合评价指数

年份	制造业综合评价指数	生产性服务业综合评价指数
2010	0.143	0.115
2011	0.423	0.408
2012	0.619	0.536
2013	0.759	0.635
2014	0.893	0.716
2015	0.897	0.826

资料来源：作者计算。

表6-9　　　　　　　　河北省生产性服务业与制造业耦合协调度

年份	C	T	D	协调类别
2010	0.497	0.129	0.253	严重失调
2011	0.500	0.415	0.456	轻度失调
2012	0.499	0.578	0.537	勉强协调
2013	0.498	0.697	0.589	勉强协调
2014	0.497	0.804	0.632	中级协调
2015	0.500	0.835	0.678	中级协调

资料来源：作者计算。

在测算出综合评价指数后，按照耦合度和耦合协调度的公式，进一步测算出河北省生产性服务业与制造业协同度（见表6-9），结果显示2010年处于严重失调、2011年处于轻度失调、2012年处于勉强协调；2013年处于勉强协调、2014~2015年处于中级协调。从整体上来看，耦合协调度比较薄弱，且低于天津、北京。

四、区域间两业耦合协调度测算

上一节中，主要针对京津冀区域内整体制造业与生产性服务业的耦合协调程度进行了测算，本节将针对区域间细分行业间的耦合程度加以分析，区域间主要是指北京与天津、北京与河北省之间；细分行业主要是指新兴生产性服务业与先进制造业。二者在空间布局上的协同发展、发展模式的协同演化、产业创新协同构成了协同发展机理。之所以选取高端服务业和先进制造业，是由于前文产业现状分析中，北京新兴生产性服务业和高端制造业占据优势，天津、河北在制造业中存在一定程度上的产业同构，具备承接北京相对不具有优势产业的转移。因此，京津冀生产性服务业与制造业的协同发展，需要北京新兴生产性服务业辐射带动天津、河北先进制造业的发展，进而形成空间布局的优化。新兴生产性服务业主要是指信息传输、计算机服务和软件业、金融业、租赁和商务服务业、科学研究、技术服务与地质勘察业四大细分产业。先进制造业主要是指石油加工、炼焦和核燃料加工业、医药制造业、通用设备制造业、专业设备制造业、交通运输设备制造业、电气机械和器材制造业、通信设备、计算机及其他电子设备制造业、仪器仪表制造业八大细分行业。

(一) 北京新兴生产性服务业与天津先进制造业的协同度测算

从表6－10中可以看出，北京的新兴生产性服务业与天津的先进制造业中的通信设备、计算机及其他电子设备制造业、石油加工、炼焦和核燃料加工业、交通运输设备制造业属于高级协调阶段；与专用设备制造业、通用设备制造业、电气机械和器材制造业、医药制造业属于中级协调阶段，而与仪器仪表制造业属于濒临失调阶段。整体来看，产业协调度相对较高，大部分产业处于中高级协调水平。天津市八大支柱产业中的石油化工、装备制造、电子信息，与通信设备、计算机及其他电子设备制造业、石油加工、炼焦和核燃料加工业、交通运输设备制造业有着紧密联系，由此间接地体现了二者之间协同发展与区域主导产业存在相关关系，同时也进一步说明制造业越先进，作为知识和技术投入的生产性服务业就越有可能与之融合协同发展。

表6－10　　2015年北京新兴生产性服务业与天津先进制造业的耦合协调度

行业	C	D	协调类别
石油加工、炼焦和核燃料加工业	0.4612	0.8125	高级协调
医药制造业	0.3615	0.6023	中级协调
通用设备制造业	0.4321	0.7634	中级协调
专用设备制造业	0.4529	0.7865	中级协调
交通运输设备制造业	0.4589	0.8012	高级协调
电气机械和器材制造业	0.3975	0.6252	中级协调
通信设备、计算机及其他电子设备制造业	0.4756	0.8524	高级协调
仪器仪表制造业	0.2685	0.4454	濒临失调

资料来源：作者计算。

(二) 北京新兴生产性服务业与河北省先进制造业的耦合协调度测算

从表6－11可知，北京的新兴生产性服务业与河北省的先进制造业中的交通运输设备制造业、通用设备制造业、专用设备制造业、仪器仪表制造业、电气机械和器材制造业属于中级协调阶段；与医药制造业属于初级协调阶段；而与通信设备、计算机及其他电子设备制造业、石油加工、炼焦和核燃料加工业属于濒临失调的阶段。与天津相比较，河北先进制造业与北京新兴生产性服务业的产业协调度较低，并且对技术含量要求比较高的通信设备、计算机及其他电子设备制造业却呈现出耦合度比较低的反差，主要原因在于河北的计算机及其他电子设备制造业区位熵小于1，不具备产业优势，同时也不是主导产业，所以进一步说明先进制造业中具备优势主导产业的制造业投入的资本、技术越高，生产性服务业越容易嵌入到制造业价值链中，进而与生产性服务业的协同程度越高。

表6-11　　2015年北京新兴生产性服务业与河北省先进制造业的耦合协调度

行业	C	D	协调类别
石油加工、炼焦和核燃料加工业	0.3057	0.4612	濒临失调
医药制造业	0.3885	0.5831	初级协调
通用设备制造业	0.4886	0.7325	中级协调
专用设备制造业	0.4615	0.6924	中级协调
交通运输设备制造业	0.4968	0.7512	中级协调
电气机械和器材制造业	0.3923	0.6027	中级协调
通信设备、计算机及其他电子设备制造业	0.3275	0.4812	濒临失调
仪器仪表制造业	0.4395	0.6643	中级协调

资料来源：作者计算。

通过对2015年京津冀区域内生产性服务业与制造业，以及区域间北京新兴生产性服务业与天津、河北先进制造业的耦合协调度计算结果可知，区域内天津在两大产业的耦合协调度高于北京、河北，总体均处于中级协调水平；而区域间北京新兴生产性服务业与天津制造业的耦合协调度高于河北，并且在某些产业出现高级协调的水平。同时通过以上实证分析，得出几点结论：第一，生产性服务业与制造业协同发展体系中，区域内产业间的互动程度与产业协同发展存在正相关。第二，产业关联的需求、投入程度与产业协同发展存在相关性。第三，产业结构优化升级与产业协同发展存在相互影响的关系，即产业结构优化升级，加速产业协同发展；反之产业协同发展能够促进产业结构优化升级。第四，在具备优势主导产业的前提下，制造业越先进，与生产性服务业的协同程度就越高。

第三节 生产性服务业与制造业协同驱动因素实证

一、实证分析方法

（一）面板模型介绍

面板数据（panel data）最早是由 Mundlak、Balestra 以及 Nerlove 引入到经济计量中的。此后，伴随着经济理论、计算机技术和统计方法的发展，panel data 被广泛应用于研究经济增长、金融发展、工业全要素生产率以及 FDI 溢出效应等经济问题的建模中[212]。面板数据（panel data）与纯横截面数据和纯时间序列数据相比，具有以下几方面优点：一是能够同时反映变量在截面和时间二维空间上的变化规律和特征；二是可以有效减少解释变量间的多重共线性；三是可以扩大样本容量，控制个体的异质性[213]。

面板数据模型的一般形式：

$$y_{it} = \alpha_{it} + \beta_{it} x_{it} + \varepsilon_{it} \qquad (6.54)$$

其中 y_{it} 为因变量，α_{it} 为模型的截距，β_{it} 为模型的参数向量，$x_{it} = (x_{1t}, x_{2t}, \cdots, x_{it})$ 为模型的解释变量，ε_{it} 为模型的随机误差项，其满足 $E(\varepsilon_{it}) = 0$，$D(\varepsilon_{it}) = \sigma_{it}^2$，$t$ 为时期数。

根据各个参数的不同面板数据模型有以下三种情形：

（1）$\alpha_i = \alpha_j$，$\beta_i = \beta_j$，$i, j = 1, 2, \cdots, n, i \neq j$；

（2）$\alpha_i \neq \alpha_j$，$\beta_i = \beta_j$，$i, j = 1, 2, \cdots, n, i \neq j$；

（3）$\alpha_i \neq \alpha_j$，$\beta_i \neq \beta_j$，$i, j = 1, 2, \cdots, n, i \neq j$。

情形（1）中是指在横截面上既无个体影响也无结构变化，即混合估计模型；情形（2）是指在横截面上不存在结构差异，但有个体影响，即个体均值修正回归模型，又可细分为固定效应和随机效应两种情况；情形（3）是指在横截面上个体影响和结构变化都存在，即变系数回归模型。

在判定是变截距模型后，还要确定是固定效应还是随机效应。

在此利用 F 统计量进行检验，其原理如下：

基本假设：

H_1：$\alpha_i = \alpha_j$，$\beta_i = \beta_j$，i，j = 1，2，…，n，i≠j，即混合估计模型；

H_2：$\alpha_i \neq \alpha_j$，$\beta_i = \beta_j$，i，j = 1，2，…，n，i≠j，即个体固定效应模型。

判定规则：如果检验的结果是接受 H_1，则使用混合估计模型，检验结束。

检验 H_1 的统计量：$F_1 = \dfrac{(S_2 - S_1)/(n-1)(k+1)}{S_1/[nT - n(k+1)]} \sim F[(n-1)(k+1),$

$n(T-k-1)]$，

临界值为 $F_{0.05}[(n-1)(k+1)，n(T-k-1)]$，

若拒绝 H_1 则检验 H_2，如果检验结果是接受 H_2，则建立个体固定效应模型；否则就使用个体随机效应模型[214]。

检验 H_2 的统计量：$F_2 = \dfrac{(S_3 - S_1)/[(n-1)k]}{S_1/[nT - n(k+1)]} \sim F[(n-1)k，n(T-k-1)]$，

临界值为 $F_{0.05}[(n-1)k，n(T-k-1)]$，$S_1$、$S_2$、$S_3$ 分别表示回归系数不同的面板数据模型、混合估计模型和固定效应模型的残差平方和。n 为横截面观测单位数，k 为解释变量个数，T 为样本时期数。

（二）面板模型设定

1. 模型设定

以 2000～2015 年京津冀生产性服务业与制造业的耦合协调度作为被解释变量，按照上一节的理论假设，以市场规模、交易成本、人力资本作为核心解释变量。以技术进步、外部动力、政府政策、环境政策作为控制变量建立如下计量模型[215]。

$$D = f(GM，TC，RL，TH，WB，GV，EC) \tag{6.55}$$

其中，D 为被解释变量；GM、TC、RL 为三个核心解释变量；TH、WB、GV、EC 为四个控制变量。由于此模型符合 C－D 生产函数，在具体分析时采取面板数据进行处理，因此再对两边取对数，得到最终模型为：

$$\ln D_{it} = c + \alpha \ln GM_{it} + \beta \ln TC_{it} + \chi \ln RL_{it} + \delta_1 \ln TH_{it} + \delta_2 \ln WB_{it} + \delta_3 \ln GV_{it} + \delta_4 EC_{it} + \varepsilon_{it}$$
$$\tag{6.56}$$

其中，i 和 t 分别表示年份和各个地区，i 的取值是 2000～2014 年；t 是指北京、天津以及河北省 11 个地级市共 13 个地区。

2. 指标说明与数据来源

表 6－12 为面板模型中各变量的说明。

表 6 - 12 面板模型中各变量说明

变量	符号	定义	单位
市场规模	GM	制造业产值/GDP	—
交易成本	TC	市场化指数	—
人力资本	RL	高等学校在校学生数	人
技术进步	TH	R&D 经费	万元
外部动力	WB	FDI/GDP	万美元/亿元
政府政策	GV	固定资产投资/GDP	万元
环境政策	EC	二氧化硫排放量	吨

注：各变量的原始数据来自 2001~2016 年《中国统计年鉴》《北京统计年鉴》《天津统计年鉴》《河北统计年鉴》《城市统计年鉴》《中国工业经济统计年鉴》。

市场规模指标：用京津冀历年制造业总产值与 GDP 的比值表示。由于市场规模的扩大将会带来分工的扩大和专业化程度的提升，进而增加生产的"迂回性"，同时带来"规模报酬"和劳动生产率的提升。因此，市场规模的扩大，带来的生产性服务业与制造业的分离，进而加速二者协同。

交易成本指标：由市场化指数表示。经济学家科斯的交易成本理论根本论点在于对企业的本质加以解释。由于经济体系中企业的专业分工与市场价格机能之运作，产生了专业分工的现象；但是使用市场的价格机能的成本相对偏高，而形成企业机制，它是人类追求经济效率所形成的组织体。由于交易成本泛指所有为促成交易发生而形成的成本，因此很难进行明确的界定与列举，不同的交易往往就涉及不同种类的交易成本。由于市场化程度越高，市场交易成本越低，因此用中国市场化指数来代替交易成本指标。具体数值参照 2000~2009 年市场化指数，其他年份数据从《中国市场化指数 2016 年报告》中获得。

人力资本指标：用京津冀历年普通高校每十万人中的在校生数表示。由于生产性服务属于知识、技术密集型行业，而高等学校可以培养高端设计、研发、法律、审计、金融、检测等专业化的生产性服务业人才。因此，人力资本的提升，可以促使生产性服务业和制造业的分离，进而加速二者协同。

技术进步指标：用京津冀各地区的规模以上工业企业研究与试验发展（R&D）经费表示。因为研发投入可以代表各区域的技术水平。

外部动力指标：用京津冀各地区历年实际利用外资（FDI）除以本地区 GDP 表示。由于京津冀各地区的经济实力差别较大，采取 FDI 不能反映区域对外资的吸纳能力，因此用相对指标表示。由于外商投资企业具有专业化分工、清晰的产权制度，所以外资企业的示范效应和模仿效应，影响本土制造业企业与生产性服务业的分离，进而加速二者协同。

政府政策指标：用京津冀地区历年固定资产投资与 GDP 的比值表示。由于中国实行市场经济一段时期内，生产性服务业一直内置于制造业，导致企业缺乏专业化分工和效率。近几年来，政府通过各种优惠政策鼓励制造业分离发展生产性服务业，使得制造业服务化，取得了一定的效果。因此，财政支出在一定程度上影响了生产性服务业与制造业的协同。

环境政策指标：用空气中二氧化硫排放量表示。由于低端制造业的发展对环境的破坏，尤其是京津冀地区雾霾严重，因此鼓励制造业从简单粗放的发展模式走向集约化发展模式。空气中二氧化硫排放量越少，制造业的结构才能提升，越有可能加速与生产性服务业的协同。

二、实证结果分析

具体对面板数据联立方程模型进行估计，首先要考虑方程之间残差项的相关性问题，如果存在相关性，会严重影响估计结果的有效性与可信度。本章依次使用 F 统计量和 Hausman 检验方法分别检验模型具有固定效应和具有随机效应的两个零假设。F 统计量都远大于任何可接受的临界值，即拒绝原假设；Hausman 检验显示，wald 统计量大于可接受临界值，随机效应原假设成立的概率 p = 0.0001，Hausman 检验拒绝随机效应原假设，方程不宜采用随机效应计量模型。

因此，本章对模型（1）至模型（5）采用逐步回归法来分析耦合协调度的影响因素，其中模型（4）中变量 lnGV 不显著，应剔除。其他模型变量均通过了 10% 的水平显著，并且结果都能通过计量模型检验。通过 Hausman 检验发现，均采用固定效应模型。模型结果如表 6 - 13 所示。

表 6 - 13　　　　　　　　　　面板模型计量分析结果

	耦合协调度				
	模型（1）	模型（2）	模型（3）	模型（4）	模型（5）
lnGM	0.35 *** (7.83)	0.31 *** (6.14)	0.31 *** (6.41)	0.29 *** (6.08)	0.29 *** (5.73)
lnTC	-0.13 *** (-3.13)	-0.09 ** (-2.19)	-0.06 * (-1.37)	-0.04 ** (-0.78)	-0.04 ** (-0.67)

续表

	耦合协调度				
	模型（1）	模型（2）	模型（3）	模型（4）	模型（5）
lnRL	0.17 * (1.81)	0.08 ** (0.65)	0.06 ** (0.59)	0.04 *** (0.33)	0.08 ** (0.69)
lnTH		0.07 *** (2.45)	0.05 *** (1.56)	0.03 ** (0.81)	0.02 ** (0.62)
lnWB			0.09 ** (2.35)	0.07 (1.71)	0.07 (1.62)
lnGV				0.07 ** (0.83)	0.08 ** (0.91)
lnEC					-0.13 ** (-1.14)
固定效应	Y	Y	Y	Y	Y
R^2	0.7058	0.7162	0.7250	0.7262	0.7284
观测值	182	182	182	182	182

注：*** 表示在 1% 水平上显著，** 表示在 5% 水平上显著，* 表示在 10% 水平上显著。

通过模型结果可以看出，市场规模每提升 1 个百分点，京津冀生产性服务业与制造业产业耦合协调度能够提升 0.29 个百分点。同时也满足了理论假设 1：生产性服务业与制造业的协同程度，与生产性服务与制造业的垂直分离程度成正相关，并且随制造业企业产业规模的扩大程度而递增。与理论分析基本一致，表明了理论分析的相对合理性。

市场化程度的提升，京津冀生产性服务业与制造业产业耦合协调度反而降低。理论假设 2 中提出生产性服务业与制造业的协同程度，可通过降低市场交易成本，协同程度并随着成本的下降而递增。原因可能是京津冀这一时期市场化程度提升并没有带来交易成本的下降，并且京津冀政府与市场的关系没有处理好，同时三地之间也没有形成有效的知识、信息的传递，导致制造业企业吸收不到外部的生产性服务，而仍然停留在内置于制造业企业，协同程度难以提高[216]。

人力资本的提升，与京津冀生产性服务业与制造业产业耦合协调度成正相关。人力资本每提升 1 个百分点，耦合协调度能够提升 0.08 个百分点。但是京津冀目前教育现状存在很大的差异，从事研发、设计、营销等生产性服务业的高端人才，更倾向于留在北京、天津，河北受产业结构及发展现状的限制，应加大柔性人才的引进，进一步推动京津冀教育的协同发展[217]。

技术进步的提升，与京津冀生产性服务业与制造业产业耦合协调度成正相关。但是目前影响系数为0.02，相对较小。京津冀应进一步加大R&D经费的投入，尤其是二次研发与科技成果转化率的提高[218]。

外商直接投资的提升，与京津冀生产性服务业与制造业产业耦合协调度成正相关。FDI每提升1个百分点，耦合协调度能够提升0.08个百分点。发达国家专业化生产带来了制造业效率的提升与生产性服务业的高速发展，因此外资的示范效应促进了二者的垂直分离，加速了二者的协同程度[219]。

单位产值的二氧化硫排放量越大，越不利于二者产业实现耦合发展。究其原因，可能是河北省制造业主要为高能耗型、高污染型，结构需要优化，应引进更多相对先进的制造业，才能带来对相关生产性服务业需求的增加。由此目前京津冀二氧化硫排放量与产业耦合呈现出负相关关系。

第四节　本章小结

基于第五章京津冀生产性服务业与制造业协同发展的程度和细分行业的产业关联情况，本章进一步挖掘了影响京津冀两大产业协同的关键因素，以为后续的协同路径研究提供分析基础。

首先，本章分别从产业自身、生产要素和外部环境三个维度，建立理论模型或通过机理分析识别了影响京津冀生产性服务业与制造业协同发展的若干驱动因素，并提出了7个理论假设。

理论假设1：生产性服务业与制造业的协同程度，与生产性服务与制造业的垂直分离程度呈正相关，并且随制造业产业规模的扩大程度而递增。

理论假设2：生产性服务业与制造业的协同与技术进步和协同程度成正比，随着技术进步和技术的高质量外溢，可以提高产业协同水平。

理论假设3：生产性服务业与制造业的协同程度，随着人力资本的提升会促进二者的分离，进而加速协同。

理论假设4：生产性服务业与制造业的协同程度，可通过降低市场交易成本来提升，产业协同程度随着成本的下降而递增。

理论假设5：生产性服务业与制造业的协同程度与外部资本注入相关，产业协同程度随着外商投资的增加而递增。

理论假设6：产业协同度受政府政策支持的影响，政府的鼓励政策有利于加速产业协同。

理论假设7：生产性服务业与制造业的协同受资源环境约束，京津冀地区污染越严重，越不利于产业协同发展。

其次，使用耦合协调度模型，选取规模指标、成长指标和效益指标，对京津冀生产性服务业与制造业协同发展程度进行实证。各区域内，北京耦合协调度上涨缓慢，协调机制处于中下等水平，产业间未能形成足以维持可持续发展的产业间作用力；天津处于稳步提高期，并且2015年耦合协调度高于北京；河北省耦合协调度比较薄弱，且低于天津、北京。区域间，北京新兴生产性服务业与天津先进制造业产业协调度相对较高，大部分产业处于中高级协调水平；与天津相比较，河北省先进制造业与北京新兴生产性服务业的产业协调度较低，并且对技术含量要求比较高的通信设备、计算机及其他电子设备制造业却呈现出耦合度比较低的反差。

最后，利用面板模型分析影响生产性服务业与制造业协同发展的关键因素，分别验证本章第一节提出的7个理论假设。实证结果显示，市场规模越大越能促进两大产业协同，协同程度也随制造业产业规模的扩大程度而递增；市场化程度提升反而降低生产性服务业与制造业耦合协调度；人力资本的提升与京津冀生产性服务业与制造业耦合协调度成正相关；技术进步的提升与京津冀生产性服务业与制造业耦合协调度成正相关。外商直接投资的提升与京津冀生产性服务业与制造业耦合协调度成正相关。环境水平越差越不有利于二者产业实现耦合发展。可见除了假设4和假设6之外，其他假设都通过了实证检验。

第四篇

京津冀生产性服务业与制造业协同发展路径与对策

第七章

京津冀生产性服务业与制造业
协同路径及对策

京津冀生产性服务业与制造业为实现协同发展，就需要制定清晰的路线图，探索促进发展方式转型和产业结构优化升级的动力机制，为两大产业协同发展提供方向指引。就京津冀都市圈而言，区域内幅员辽阔、产业互补、经济发展差异性大，为实现两大产业协同发展，应明确产业间的协同发展有助于产业升级。生产性服务业集聚对制造业升级具有明显的提升作用，这种作用不仅体现在对本地制造的提升作用[220]，并且生产性服务业与制造业两者之间的空间互动通过城市集聚作用于产业结构的升级[221]。本书提出优化空间布局、加强产业关联、提升企业间知识关联等全面实现京津冀生产性服务业与制造业协同发展的路径，并提出营造适宜产业协同的行政与市场大环境、建立协同发展的组织和制度框架体系、优化产业空间环境、强化产业链关联、梳理促进知识关联的机制和体制以及建立促进京津冀产业协同的保障体系六个方面的对策建议，系统性提升京津冀生产性服务业与制造业的协同水平。

第一节 生产性服务业与制造业协同的实现路径

一、优化雄安新区和京津冀产业空间布局

（一）正确认识雄安新区和京津冀产业空间特点

雄安新区是党中央、国务院批准设立的国家级新区，设立新区目的在于积极探索人口经济密集地区优先开发新模式，加大调整京津冀城市布局和空间结构，不断培育创新驱动发展新引擎。在京津冀协同发展的大背景下，设立雄安新区意义更为重大。协调好"雄安新区+京津冀协同"的关系，明确发展的产业定位，在相互支撑、相互补充、相互提升中不断优化和发展，共同为京津冀地区乃至全国新经济形式下稳定、健康、快速发展提供参考与示范。

首先，落实好雄安新区的产业空间定位。雄安新区发展定位于绿色生态宜居新城区、创新驱动发展引领区、协调发展示范区和开放发展先行区。雄安新区的发展定位明确了产业发展规划的重点和方向，创新、绿色、环保、智慧是未来产业定位和发展的基点。具体到产业定位上，从制造业方面看，"发展高端高新产业，积极吸纳和集聚创新要素资源，培育新动能"将是产业规划的主基调；从服务业方面看，一是配合制造业规划打造高端生产性服务业、创新性服务业。二是建设优质的公共服务，在创新城市管理、提升整体区域管理水平上吸引和培育新的业态形式。

其次，分析当前京津冀制造业与生产性服务业的发展现状，再进一步结合京津冀协同发展定位，进行空间上布局与优化。通过上述分析可以得出，2010 年以来北京与天津制造业结构相似系数一直比较高，二者之间产业同构问题比较严重，北京和天津在交通运输设备制造业、计算机、通信和其他电子设备制造业、专用设备制造业等技术密集型行业同构现象比较明显；2010 年以来天津与河北制造业结构相似系数比较高，天津与河北在黑色金属冶炼和压延加工业、金属制品业、石油加工、炼焦和核燃料加工业等资源加工型产业同构现象比较明显。总之，京津地区制造业的产业同构主要集中在技术密集型产业和高端制造业，津冀

地区制造业的产业同构主要集中在低技术型资源加工型产业。

具体到生产性服务业而言，北京具有优势的生产性服务业主要属于知识和技术要素驱动型，集中于信息传输、计算机服务和软件业、科学研究、技术服务和地质勘察业等领域，处于高梯度区域；天津具有优势的生产性服务业主要属于资本要素驱动型，集中于金融业、租赁和商业服务业等领域，处于中梯度区域；河北具有优势的生产性服务业主要属于劳动力要素驱动型，集中于交通运输、仓储及邮政业等传统型生产性服务业领域，处于低梯度区域。

（二）优化雄安新区与京津冀产业空间布局

优化方式一：充分利用雄安新区建设战略机遇，梳理京津冀 + 雄安新区的产业布局。雄安新区定位首先是疏解北京非首都功能集中承载地，作为新区将最大化拓展京津冀区域发展新空间。从产业布局上，雄安新区更多定位于创新驱动、引领区域创新发展，产业发展规划重点和方向集中在创新、绿色、环保、智慧等制造业领域，进一步打造高端生产性服务业、创新性服务业等。与京津冀产业发展形成互补和提升，北京传统制造业逐步外迁到天津和河北，高端生产性服务业形成集聚，服务对象是对传统制造业以及新型制造业的提升。天津产业发展方向为先进制造业、航空、电子信息和生物医药等领域，而河北制造业主要集中在传统的钢铁、石化、冶炼等领域。雄安新区与京津冀从产业发展上存在很大的互补发展空间，形成京津冀目标同向、措施一体、优势互补、互利共赢的协同发展新格局。

优化方式二：通过京津冀协同定位破除北京长期存在的"虹吸"效应，使产业在空间上的布局回归"产业梯度转移理论"的规律[222]。首先，趁疏解北京"非首都"功能之势，定位北京为全国政治中心、文化中心、国际交往中心、科技创新中心，尤其是科技创新中心，重点发挥北京在交通运输设备制造业、计算机、通信和其他电子设备制造业、专用设备制造业等技术密集型行业。将北京与天津有产业同构现象的产业及产业环节，一方面转移到天津，与天津现有产业基础融合，形成更具竞争力的产业体系；另一方面转移到河北，与河北现有产业在价值链上形成前后向关联，拉动提升河北制造业水平。在生产性服务业方面，在第四次工业革命来临之前，北京应该更加突出自身科技创新和研发设计功能，尤其是低碳、节能环保技术的研发、创新，依托众多的科研院校及金融服务机构形成研发聚集地和金融服务区，在北京郊区重点扶植汽车、医药、电子信息，生物技术等高端制造业产业集聚，形成生产性服务业、高端制造业的集聚发展。着力发展生产性服务功能较强的金融、营销、设计、法律、咨询等，提升知识链接水平，深化与制造业融合互动程度。

优化方式三：结合天津全国先进制造研发基地、北方国际航运中心区、金融创新运营示范区和改革开放先行区的功能定位，天津应注重高端制造业、交通物流业的发展，形成石油化工业、医药业、汽车制造业、冶金等高端制造业的产业集聚地，同时兼顾物流业、研发、金融等生产性服务产业的集聚。具体而言，布局天津先进制造以及研发产业空间集聚，把传统的黑色金属冶炼和压延加工业、金属制品业、石油加工、炼焦和核燃料加工业等制造业有序地转移到河北，使之与河北具有严重同构的产业形成融合，进而提高河北这些产业的竞争力，将这些产业中研发创新以及产业链中高端环节保留在天津，借助天津围绕这些产业形成生产性服务体系，进一步强化先进制造业以及创新研发产业体系。重点围绕航运物流所形成的现代服务业基础以及金融创新运营功能，促使高端生产性服务业产业集聚。依据增长极理论、点轴开发理论以及网络开发理论，一方面，天津原有的优势制造业和生产性服务业对河北形成辐射带动作用；另一方面，在高端制造业以及生产性服务业形成一定基础的前提下，承接北京科技创新的知识和技术溢出，全面与北京形成互动和融合，带动天津先进制造研发和金融创新运营以及国际航运物流的壮大。

优化方式四：结合河北建设为全国现代商贸物流重要基地、产业转型升级试验区、新型城镇化与城乡统筹示范区、京津冀生态环境支撑区的功能定位，重点发展商贸流通服务业。利用劳动力及资源优势，利用北京和天津产业转移契机，承接更多的制造业份额，为两个中心城市提供物质、人力资本支持，同时注重制造业的集聚发展，如重点打造保定、廊坊等制造业产业集聚地的形成。具体而言，河北原有的黑色金属冶炼和压延加工业、金属制品业、石油加工、炼焦和核燃料加工业等传统优势产业，属于资源密集型，提升这些产业的价值链附加值，用生产性服务业带动整个制造业向价值链高端发展。具体到河北原有的交通运输、仓储及邮政业等传统型生产性服务业领域，并不能支撑制造业的升级转型，这些产业大部分都处于低梯度区域。依据产业梯度转移理论，随着制造业从天津和北京转移到河北，在河北形成产业空间集聚，地理邻近效应使得相关生产性服务业集聚在制造业周围，除了凸显商贸流动服务业优势外，布局有助于制造业转型升级的生产性服务业。

二、基于产业链维度强化价值链协同演进

企业的价值活动中并非每个环节都能创造价值，真正能够创造价值的活动是

企业价值链上的"战略环节"[223]。制造业转型升级的必然趋势是构建和发展自己的核心能力与竞争优势，而将非核心业务外包给相应领域内具有优势的生产性服务企业。制造业产品价值构成的75%~85%与生产性服务活动有关，可见贯穿于生产上、中、下游各环节的生产性服务业为制造业创造了重要价值，是价值链上的"核心环节"[224]。因此，基于产业链维度，需要强化价值链协同，在生产性服务业与制造业间形成垂直关联，在累积循环因果效应下构建两者良好的互动关系。

（一）构建嵌入性生产性服务业与制造业产业链垂直关联结构

基于嵌入性理论构建京津冀生产性服务业与制造业垂直关联结构，是促进两大产业协同发展的重要路径。制造业与上下游生产性服务基于共性和互补性而建立合作关系，从而形成相应的垂直嵌入关联。产业垂直嵌入关联的形成有助于企业提高专业化水平和社会协作水平，产业链上下游企业之间的垂直关联具有极强的内生发展动力，是企业竞争优势的源泉[225]。Polanyi（1957）[226]首先提出了嵌入性的概念，Granovetter（1985）发展了 Polanyi 的嵌入性思想，提出经济活动是在社会网络内的互动过程中做出决定的[227]。基于嵌入性的垂直关联指处于相互联系的产业链成员之间形成社会网络关系[228]。刘明宇（2010）[229]基于价值链将生产性服务与制造业的嵌入关系可以分为关系性嵌入和结构性嵌入两种类型。基于嵌入性的垂直关联层次和结构如图7-1所示，京津冀充分利用都市圈建设所带来的协同效应，在区域内形成生产性服务业与制造业的优化配置，具体而言，通过关系性嵌入将生产性服务嵌入制造业价值链的基本活动中，以获得规模化优势，提高生产效率，并激励制造业企业进一步专注于核心能力，将不擅长的服务外部化；通过结构性嵌入将生产性服务嵌入制造业价值链的支持性活动中，提高制造业的专业化水平，提升了配置效率。通过关系性嵌入和结构型嵌入，制造业配置效率和运营效率得到了提升，从而提高了制造业的竞争力，促进制造业的升级。随着制造业分工和专业化程度的不断提高，规模经济效果愈加显著，对生产性服务业人力资本水平和服务效率提出了更高的要求，进一步带动了生产性服务业专业化和规模化程度的提高，进而促进了生产性服务业的升级。通过嵌入性产业链垂直关联结构模型，进一步说明了生产性服务业与制造业之间的循环累积因果效应。

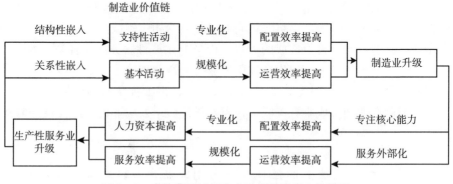

图 7-1　京津冀区域间产业垂直关联嵌入性模型

在京津冀区域间进行嵌入性产业链垂直关联具有条件基础和现实意义，生产性服务与制造业之间存在循环累积因果效应，彼此互动，相互促进。北京具有高端的生产性服务业能通过结构性嵌入与天津和河北的制造业支持性活动形成关联。北京所具有的高端生产性服务业，通过嵌入天津和河北的制造业，以提升制造业的升级水平，促进制造业转型，天津高端制造业和河北的中低端制造业为北京高端生产性服务业提供了生产力发挥的市场。天津具有物流优势，通过关系性嵌入，与北京和河北制造业的基本活动形成垂直关联，为生产力外运提供可能。北京和天津所具有的中高端生产性服务业通过关系性和结构性嵌入，与河北制造业形成垂直关联，共同促进河北制造业升级和转型。

（二）构建基于产业垂直关联嵌入性模型的价值链结构

京津冀区域通过嵌入性产业垂直关联，形成生产性服务业与制造业的协同结构，具体到实际联系层面，可以使用价值链工具构建京津冀生产性服务业与制造业的产业协同模型。迈克尔·波特教授在《竞争优势》一书中提出了"价值链"的概念，"每一个企业都是在设计、生产、销售、发送和辅助其产品的过程中进行种种活动的集合体。所有这些活动可以用一个价值链来描述"。产业链更为强调了产业链条上各个环节的前后向联系，价值链则从企业内外部结构关系的视角更深刻地揭示了生产性服务与制造业的嵌入关系[230]。基于产业链和价值链理论，将京津冀生产性服务业与制造业间的垂直关联，构建价值链结构模型，形成结构性嵌入价值链模型和关系性嵌入价值链模型（如图 7-2 所示）。

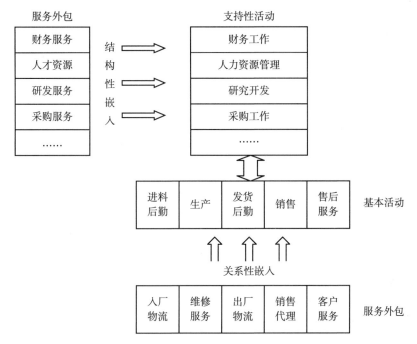

图7-2 产业垂直关联的价值链模型

第一，构建天津和河北的关系性嵌入价值链模型。天津和河北的生产性服务业处于中低端水平，重点可以将物流服务、制造维修服务、客户关系管理、营销服务、销售代理服务等生产性服务业，通过关系性价值链嵌入京津冀的制造业基本活动中，主要服务于物料、维修、销售、客户服务等基本生产活动。通过价值链的合作，制造业将相关服务外包给天津和河北的生产性服务业企业，一方面生产性服务企业通过规模优势，明显降低制造业成本；另一方面，制造业可以通过"归核化"发展，专注于核心技术和生产环节，提供专业化水平，获得专业化优势。制造业的生产经营活动更具连续性和协调性，从而使得合作企业间不断低成本地、高效地交换信息和知识[231]，企业内外部价值链能够更好地融合，这种匹配超出了市场交换关系中价格体系所起的作用。

第二，构建北京的结构性嵌入价值链模型。北京生产性服务业处于高端水平，重点将人力服务、财务服务、科技研发、物流采购等高端生产性服务，与天津和河北的制造业环节形成结构性嵌入价值链模型，主要服务于天津和河北制造业的人力资源、财务管理、科技创新、物流服务等生产性服务环节。通过价值链连接到更高专业化水平的生产性服务业，向制造业输入更多的智力支持，提高了企业的资源配置效率[232]，这种价值链构建相当于通过迂回生产，间接提高了企业支持活动部门的人力资本水平。

三、塑造企业间协同网络以强化知识关联

知识创新是产业升级的内在动力[233]，生产性服务企业与制造业企业之间的合作是一个知识关联过程，在京津冀区域内的企业微观层面，将各种要素通过协同的关系组织起来，根据要素之间的内在联系形成一个互动机制，进行关联，从而构成一个有机的不可分割整体。因此，为了深层次构建京津冀产业协同发展框架，需要在京津冀区域内的企业间通过技术层面、组织层面乃至战略层面的合作与交流，将相关知识要素有机配合协作，进而通过机制和模式设计，不断提高生产性服务业和制造业各环节的知识含量，提高产业附加值，从而实现京津冀生产性服务业与制造业协同基础上的制造业转型和升级。

（一）构建多层次企业间知识关联体系

第一，强化初级知识关联带动京津冀产业价值链嵌入。初级知识关联是较为松散的协同和业务合作，是随着社会分工以及专业化生产的趋势而自发形成的，这种初级的知识关联在汽车、电子、服装等大型制造业企业组织中体现得尤为明显。京津冀地区制造业已形成较为全面的体系，涵盖了资源型、技术型和知识型的制造行业，尤其是资源型和技术型的制造业，如石油加工、炼焦和核燃料加工业、交通运输设备制造业、通用设备制造业、电气机械和器材制造业、医药制造业、仪器仪表制造业等，增强彼此间初级知识关联，扩大规模效应，显得尤为重要。在京津冀区域内要形成初级知识关联的机制，如信息共享机制、物流保障机制、产品和价格信息的公开、市场销售渠道的建立、售后服务的跟进等，增强生产性服务业提供知识和服务的动力，强化制造业获得服务和知识的能力，形成较为贴合的价值链嵌入。

第二，构建较高级知识关联形成京津冀企业间协同创新。随着经济发展企业不断独立创新，依靠自身力量独立研究开发，攻克技术难关，获得新的技术成果，形成竞争优势越发困难[234]。独立创新适合于某些关键制造业部门，要求创新者有足够的资金、物力和智力资本，以及先进的技术、生产和管理能力。在京津冀协同发展的大背景下，随着分工不断深化和竞争的加剧，在区域内通过增强具有创新性的高级知识关联，使用市场交易的方式，从高端生产性

服务业获得创新要素，能大幅度降低创新风险，获得效率提升。在协同创新方式下，制造业捕捉到市场需求后，通过技术转让与外包、IP 协议、R&D 合作、技术战略联盟等多种形式，与生产性服务业开展创新协作，完成技术成果的商业化过程。

　　第三，把握知识关联促进价值链到产业链升级的关键环节。通过大量的初级和高级知识关联，京津冀生产性服务业与制造业形成不同程度的协同，通过协同作用的强化，生产性服务创新推动产业链上某些价值链环节实现升级[235]。知识关联推动制造业价值空间逐步向价值链上游移动，使得制造业处于"微笑曲线"上，这种由产业链上各环节的升级到最终实现整个产业升级的过程，称之为"产业链升级"[236]。那么，知识关联联结了生产性服务业与制造业的生产，也促进了制造业价值链到产业链升级，把握好知识关联的关键环节就显得格外重要，如初级知识关联形成的制造业市场营销、售后服务、物流采购等环节中品牌策划、物流规划、客户服务等关键环节。高级知识关联形成的研发设计、财务管理、人力管理环节中的新技术、新材料、新工艺、税务策划、人力培训、法务处理等环节，是实现生产性服务业与制造业协同，推进产业链跃升的关键环节，这就需要通过机制设计，使京津冀两大产业企业间的知识交流和互动更为有效，以更好地把握以上关键环节。

　　以天津汽车制造业为例说明知识关联将京津冀生产性服务业与制造业协同起来，促进了产业链的升级。首先，通过初级知识关联将人力资源服务与京津冀区域内的专业化人才服务公司进行连接，将人员招聘、人事管理、培训教育等服务进行委托；将汽车产品的市场营销和售后服务等生产性服务活动环节委托给京津冀专业汽车营销、销售及售后服务团队，通过其专业化经营对营销链上的相应环节进行服务创新和再分工，增加该环节的增加值；将原材料的采购和物流环节，利用信息技术服务平台和电子商务进行交易，利用物流管控系统，由第三方物流公司根据公司的生产动态为企业定制物流方案，并进行实时监控，在物流与采购环节形成高效、及时、零库存的效果，大幅提升产业链的水平。其次，通过高级知识关联将研发、设计过程与北京的研发中心合作，降低研发风险；将关键零部件及中间产品的制造通过雄安新区内零部件供应商和第三方研发机构完成各自模块的创新。总之，通过知识关联将产业链引向更高水平，加强产业链网络密度和延展度，增加整个产业链附加值，提高制造业竞争力。

（二）打造企业间基于知识关联的协同网络

生产性服务与制造业的知识关联协同体系是多方位的，涉及成员企业的诸多方面的要素（吴正刚、韩玉启、孟庆良，2005）[237]。根据企业联结关系的不同特征，生产性服务企业与制造业企业之间的知识关联协同要素包括战略、组织、文化以及技术等方面，打造京津冀企业间知识关联协同网络主要从战略协同、文化协同、组织协同和技术协同等方面进行建立。

第一，构建京津冀企业间的战略协同。企业间最高层次的合作就是通过知识关联而形成的战略协同，具体操作层上可以表现在京津冀生产性服务业与制造业企业间，通过产业链将彼此联系在一起，在知识关联的作用下，企业间资源互补、能力互助、行动一致。这种看似独立的企业，但在业务发展规划阶段，产业链层面就已经有深层面合作的基础，因为产业链上拥有不同关键资源的生产性服务企业为制造业提供中间产品和服务，在提供中间产品和服务之前就已经进行了战略衔接，相互之间进行渗透，通过机制建立能像经营自身一般无缝隙地对接制造业需求。相互良性互动下充分发挥组合效应，共同创造竞争优势。可以说，知识关联下的生产性服务业与制造业间的战略协同，是其他形式协同的前提和基础。通过战略协同彼此链接的企业，已经在文化层面、业务流程等形成固定的模式，让其他企业或者参与者清楚地了解彼此的战略意图，在相互理解基础上，达成共识，行动一致，创造出一种相互信任和互惠合作的氛围。

第二，构建京津冀企业间的组织协同。由于提供生产性服务的是独立的企业，每个企业有自己相对固定的组织结构和管理模式，但是彼此间企业组织和管理相差较大，就难以形成互动和协同，尤其在一些特定情况，需要两个独立企业就像一个企业那样步骤一致，因此，产业链上组织各自为政、组织松散的企业间难以形成持续性地联合，业务协同也只是"空中楼阁"。通过知识关联将企业连接在一起，形成组织上的协同能形成捆绑式发展。组织协同需要产业链上有上下游关系的企业间加强沟通和理解，及时发现问题、解决问题，从业务组织模式上彼此协同、达成共识。京津冀生产性服务企业与制造业企业间通过畅通的信息传递，来完成跨地域沟通和业务合作。但是，京津冀产业发展不平衡，产业类型、结构、规模各异，组织流程不同，这些都成为阻碍企业间组织协同的因素。为此，建立组织协同理念的基础上，需要破解跨区域、跨产业的信息沟通和协作问题。

第三，构建京津冀企业间的文化协同。京津冀企业协同发展要求合作双方在知识特别是隐性知识层面进行交流和共享，因此，基于信誉和信任的组织文化成为重要因素[238]。也就是说，企业之间的文化差异往往会对企业协同产生重要的影响，那么，如何在非正式联结的组织之间，建立基于协同性伙伴关系协调机制，形成协作关系的文化协同，对于促进企业微观层面的协同具有重要意义。为了做好企业间的文化协同，首先，尽量缩小企业间的文化差异，企业间文化差异越大，引起的冲突越大，协同中文化整合的难度就越大，协同的成本就越大。京津冀所处地理位置彼此邻近，区域文化传统比较相似，微观企业的文化认同、价值观和世界观比较容易整合在一个框架之内，需要企业间开诚布公地统一价值观念，将工作业务流程内化到企业间。其次，企业间彼此提出要求或者建议，讨论影响文化的关键要素。最后形成彼此都能接受的模式和方式，并以此作为合作的基础。

第四，构建京津冀企业间的技术协同。京津冀区域生产制造业比较发达，天津涵盖装备制造业、石油化工、大飞机、船舶海工、生物医药、汽车、智能制造等产业，河北重点发展钢铁、冶炼、石油化工、先进制造、生物医药等产业，北京重点发展高端生产性服务业，高能耗高污染企业逐步外迁。京津冀间企业技术协同的条件和基础比较雄厚，通过构建统一、开放的技术平台，使得每个成员企业能够在此平台上开展工作，进而加强技术上的共享性、兼容性和扩展性[239]。为了实现技术协同，首先，加强基础设施建设，如信息高速公路、技术标准制定、产品标准制定、研发体系的统一等方面，形成一致性的框架，使得京津冀企业能提供和需求标准统一的服务和产品；其次，加强专业化分工，提升专业化水平，京津冀企业间通过知识关联，在统一框架内，增强自身专业化水平，通过协同创新，共同提高京津冀生产性服务业与制造业协同水平。

第二节　生产性服务业与制造业协同的对策建议

一、营造适宜产业协同的行政与市场大环境

（一）正确处理好政府与市场间关系

在经济活动的资源配置过程中，市场经济本质上就是市场决定资源配置的经

济，理论和实践都证明，市场资源配置是最有效的形式，市场在资源配置中并不是起全部作用，还要依靠政府保持宏观经济稳定，加强和优化服务，保证公平竞争，加强市场监管，维护市场监管，维护市场秩序，弥补市场失灵，推动可持续发展。实证结果表明，市场化程度的提升反而降低了京津冀生产性服务业与制造业产业耦合协调度，原因可能是京津冀这一时期市场化程度提升并没有带来交易成本的下降，并且三地区之间政府与市场的关系没有处理好，同时三地之间也没有形成有效的知识、信息的传递，导致制造业企业吸收不到外部的生产性服务，协同程度难以提高。

为此，京津冀地方政府应摈弃各自为政的治理理念，站在三方共赢的角度看待问题、思考问题、解决问题，抛弃地方保护主义等有悖于市场规律的短视行为，构建京津冀区域整体的经济市场。首先，转变政府职能，厘清政府与市场的边界，三地政府通过体制机制联合起来，在市场经济条件下，通过实施负面清单对市场进行管理，主要发挥监督引导调节作用，通过事中事后监管、逆周期调节及公共品提供来发挥作用。在具体事务中，政府应明确自身定位，简放政权，做好区域经济发展的"守夜人"。当然，政府的简政放权要求并不意味着可以放任自流，越是快速发展，政府的监管越显重要。其次，密切配合，处理好政府与市场之间的关系。在厘清各自边界之后，还需要定位政府与市场的关系，建设社会主义市场经济，需要建立统一开放竞争有序的市场经济体制。在这一体制中，政府与市场其实是相辅相成、不可分割的统一体的关系。既要充分利用市场这只"无形的手"，通过价值规律等发挥调节作用，政府又要为市场发挥作用提供良好的环境，起到监督作用。即使是在市场失灵期间，三地政府联动逆周期调节经济，也是起到"四两拨千斤"的作用，稳定经济化解危机，而不是大包大揽直接去干预市场。最后，三地政府还需要提升治理水平，在打破地区封锁和行业垄断过程中，通过加强三地间的监管信息交流以便及时协调解决企业发展过程中遇到的问题，同时也可以监管不良企业利用三地经济环境差异出现的违法违规行为，探索建立长效监管机制。

（二）建立公平的市场竞争环境，打破地方保护政策

公平竞争是市场经济的基本原则，是市场机制高效运行的重要基础。目前，京津冀存在普遍的地区垄断和行业垄断，各地区倾向实行地区保护主义，为了避免市场竞争，不愿深化开放性的市场改革，严重制约京津冀都市圈的市场一体化进程，不利于京津冀生产性服务业与制造业的协同发展。为此京津冀都市圈应效仿欧盟协商建立中央政府，对都市圈经济发展及生产性服务业和制造业产业布局

进行统筹规划，集中管理，解决矛盾，分配利益，各地方政府根据中央政府的战略规划，开展具体工作。由中央及地方政府牵头，促进协同体内形成权威行业协会、产业战略发展联合会、跨地区人才培养与交流项目等，加强跨地区的产业交流、学习和联盟，同时应重视区域市场一体化的制度供给，跳出行政分割陷阱，建立公平合理的区际利益分配机制，创造公平健康的市场竞争环境，通过规范化的市场制度保证公平竞争，从而减少交易成本和强化市场的资源分配机制。各政府应积极通过协商、谈判、建立合作备忘录等手段打破地方保护政策，鼓励跨地区并购、交叉控股等商业形式创造平等的竞争环境。

建立公平的市场竞争环境要有法律法规的保护，首先，京津冀产业协同要按照2016年6月国务院印发的《国务院关于在市场体系建设中建立公平竞争审查制度的意见》要求，京津冀三地政府要科学建立公平竞争审查制度，以尊重市场、竞争优先、科学谋划、分步实施为原则，确保政府相关行为符合公平竞争要求和相关法律法规，维护公平竞争秩序，保障各类市场主体平等使用生产要素、公平参与市场竞争、同等受到法律保护，激发市场活力，提高资源配置效率。其次，京津冀三地应按照2017年12月国家发展改革委、财政部、商务部会同有关部门研究制定的《2017-2018年清理现行排除限制竞争政策措施的工作方案》要求，对照《反垄断法》和《关于在市场体系建设中建立公平竞争审查制度的意见》，对现行规章、规范性文件和其他政策措施中含有的地方保护、指定交易、市场壁垒等内容进行清理，重点包括：设置不合理和歧视性的准入和退出条件；限定经营、购买、使用特定经营者提供的商品和服务；对外地和进口商品、服务实行歧视性价格和歧视性补贴政策；限制外地和进口商品、服务进入本地市场或者阻碍本地商品运出、服务输出；排斥或限制外地经营者参加本地招标投标活动；强制经营者从事《反垄断法》规定的垄断行为。

（三）建立区域产业协同要素一体化市场

推动要素市场一体化是京津冀生产性服务业与制造业协同发展的战略重点，也是建立完善市场机制，厘清政府与市场关系的关键点。京津冀产业的统一要素市场建设滞后，加之京津冀地方政府间缺乏必要的合作协调机制以及相应的合作组织，导致市场受到行政区分割和存在市场壁垒，制约了资本、技术、产权、人才和劳动力等要素的自由流动与优化配置。为激发要素市场活力，实现市场间要素充分流动与融合，必须从创新合作和协调机制入手。

第一，推进区域金融市场一体化，为满足生产性服务业与制造业协同发展的资金需要，由京津冀三省市按一定比例共同出资设立京津冀产业协同发展基金，重点支持具有战略性的重点领域的产业协同项目建设，深化区域内各类资本市场的分工协作机制，形成多渠道多层次支持生产性服务业与制造业协同的金融工具。第二，推进区域产权市场一体化以建立京津冀地区统一开放、竞争有序的产权市场体系为目标，这是京津冀产业协同战略性的重点，充分发挥北京产权交易所在技术交易、金融产品交易、环境交易方面的优势，天津产权交易中心在非上市企业的股权交易和融资服务、农村产权交易方面具有优势，河北产权交易中心在公共资源交易方面较具优势，实现优势互补，推动三省市要素市场的协同重组，共同促进要素产权的合理有序流动，为产业协同发展增添活力和流动性。第三，推进京津冀产业人才市场一体化，为产业协同提供人力资源方面的保障，在生产性服务业与制造业就业方面，搭建区域性相关人力信息共享与服务平台，增强人才的流动性。在人才户籍政策保障方面要建立相互衔接的政策，在职称评定、资格认证、技能培训等方面建立互认机制、增进产业高端人才与高技能人才的引进与合作交流。第四，推进产业技术交易市场一体化，充分发挥北京作为生产性服务业与制造业科技创新的辐射带动作用，京津冀通过完善科技成果转化机制，建设科技成果转化和交易服务共享平台，构建信息共享、标准统一的技术交易服务体系，促进技术要素资源的自由流动与优化配置。通过建立功能完备、交易活跃、互联互通、覆盖全省的多层次产业技术市场网络，在京津冀区域内实现生产性服务业与制造业技术在产业链环节上自由、快速地交易，增加产业协同的技术保障。

二、建立协同发展的组织和制度框架体系

京津冀生产性服务业与制造业的协同发展需要从组织和制度层面进行统一协调和领导，构建科学合理的组织和制度框架，是实现京津冀生产性服务业与制造业协同的基本前提。

（一）加强京津冀区域组织层面的顶层设计

京津冀生产性服务业与制造业协同发展涉及方方面面的调整、沟通和落实，同时，雄安新区规划包括建设绿色智慧新城、打造优美生态环境、发展高端高新产业、提供优质公共服务、构建快捷高效交通网、推进体制机制改革、扩大全方位对外开等放七大重点任务，要建设绿色生态宜居新城区、创新驱动发展引领区、协调发展示范区、开放发展先行区，努力打造贯彻落实新发展理念的创新发

展示范区。雄安新区的产业规划建设与京津冀生产性服务业与制造业协同存在联系和协调问题，因此，打破"一亩三分地"思维定式，朝着协同发展的目标迈进，鉴于目前难以形成统一的区域性组织结构，可考虑成立京津冀协同发展共同体建设工作领导小组及办事机构，定期举办跨部门、跨区域联席会议，研究决策区域产业协同的重大事项，明确责任主体，完善考评机制，推进京津冀协同发展规划、政策和重大项目统筹联动。

就目前京津冀和雄安新区行政管理体制而言，如果按照现有管理体制以区域范围为边界进行行政管理，仍然会存在地区性行政色彩，各自负责边界内的行政事务管理，涉及跨区域的产业协同难以在行政边界分隔明显的情况进行。产业协同不仅仅是市场交易的行为，更需要行政手段的布局和规划，就现有行政管理范围进行产业协同发展凸显出地区行政管理范围过小的弊端，难以将跨区域的产业协同落实到位。因此，建立跨区域"地方首长联席会议制"，在京津冀地区建立管理范围介于京津冀跨区域"大一统"和地市之间的机构或组织，来协调京津冀生产性服务业与制造业的协同发展。根据对京津冀主要城市以及雄安新区的产业发展和规划情况，依据产业空间、产业链和企业间的知识联系等维度，可以在京津冀的范围内设立四个次行政联席区域，作为京津冀区域内协调产业布局、产业转移和产业协同的组织来进行行政沟通，第一个次区域主要包括雄安新区，作为主要疏解北京非首都功能的重要地区，承担协调发展、创新驱动发展的重担；第二个次区域由北京市、天津市、保定市、廊坊市、沧州市和张家口市组成，该区域是京津冀生产性服务业与制造业协同发展的重要经济核心区；第三个次区域由石家庄市、邯郸市、邢台市和衡水市组成，主要承担京津冀南部区域生产性服务业与制造业协同发展；第四个次区域由唐山市、秦皇岛市和承德市组成，主要承担京津冀北部地区生产性服务业与制造业协同发展。

（二）建立目标一致、层次明确、互相衔接的产业协同联动制度

第一，在成立的京津冀协同发展共同体建设工作领导小组及办事机构的基础上，建立京津冀产业协同联动例行工作制度，定期举办跨部门、跨区域工作联席会议，会议上研究决定区域生产性服务业与制造业协同的重大事项，进一步就产业协同过程中出现的问题进行讨论、沟通、协调、解决，明确产业协同中涉及具体事项的责任主体，完善工作和推进机会。针对协同工作制度，建立协调督办和巡查审查制度，强化对实施情况的跟踪评估，确保各项政策举措落到实处。

第二，建立京津冀生产性服务业与制造业协同联络体制。京津冀三地相关政府部门、机构在建立工作例会制度的基础上，依据工作开展需要以及承担的产业

协同发展任务，要分层次地主动对接，建立会商和协作制度。首先，从区域和产业链两个维度，在京津冀范围内形成生产性与制造业的协同层面形成联络制度，区域上可以考虑以上述提出的四次区域为协同联络的区域工作范围，依据本次区域的产业特点，形成生产性服务业与制造业协同的规划，制订具体的协同发展项目计划，依据项目协同过程中的问题和矛盾，形成区域内的联席工作制度，就产业协同中的问题相互沟通、联络和协调，以工作纪要形式形成工作备忘录。在产业链层面依据区域生产性服务业与制造业协同的特征，工作组组织专家、学者和业界人士就协同中的问题、"瓶颈"、要素以及技术进行研究探讨，形成行动计划。其次，以产业项目协同为工作抓手，依据产业项目的特点，建立基于协同项目的联络体制，具体包括例会制度、重大事项汇报制度、相关方的沟通制度、政府与产业的协调制度等。

（三）建立京津冀产业协同的协调制度

首先，建立国家部委、三方领导层面和有关部门领导组成的协调机构，就协同创新中的重大问题进行顶层设计，京津冀产业协同发展是国家大计，《"十三五"时期京津冀国民经济和社会发展规划》印发实施一周年来，京津冀在发展中不可避免存在产业转移、升级等方面的问题，尤其涉及利益冲突，需要一个协调机构出面站在超越地方利益的思维角度，从国家发展大计的需要出发，形成有效沟通对接机制，协调好各方利益和诉求，形成区域发展战略规划"一盘棋"。京津冀产业协同机构还需建立协调督办和巡查审查制度，强化对实施情况的跟踪评估，确保各项政策举措落到实处。

其次，京津冀产业协同发展的利益协调机制。京津冀产业协同关系到三地的税收、就业等行政指标，在产业协同过程将原有的行政壁垒拆除，形成资源和要素的合理流动，形成要素和资源的一体化市场，若没有合理的利益协调机制，就造成资源和要素的无序聚集，一方面致使资源使用效率的降低，另一方面加剧贫富差距，区域内局部利益具有一定的相对独立性，总体利益是各个局部利益的有机耦合而非简单累加，只有区域经济协同发展中的"区域利益"协调机制建立起来了，才能有效解决地区间的利益冲突，使各地区实现相得益彰、共同发展。因此，一是注重发挥各种类型企业在产业协同发展中的作用，从总体来看，企业才是产业协同最重要的主体。二是有必要积极培育、支持区域行业组织、民间组织等，以吸纳和发挥民间社会区域协调的智慧和力量，调动社会各层面的积极性。三是妥善处理好政府与市场在产业协同发展中的关系。政府作为"区域利益"的最高代表，要建立与其他地区政府之间协商、谈判等利益协调机制，并制定有利于本区域经济发展的政策。同时，政府要在公共品供给方面发挥作用，尽可能避免过度介入微观经济。

三、打造有利于两产业协同的空间格局

生产性服务业与制造业协同发展水平，与都市圈城市化发展状况存在高度正相关性，城市发展是生产性服务业与制造业空间协调发展的重要平台，可以通过城市空间结构调整来带动生产性服务业与制造业协同。因此，为促进京津冀生产性服务业与制造业协同发展，首先需要加快推进新型城市化建设，优化产业的空间布局，使产业转型和结构升级具有空间条件，进而推进生产性服务业与制造业空间上的协调发展。

（一）加快空间结构调整，积极推进京津冀都市圈建设

京津冀当前经济发展阶段表明，城市化进程已经进入以中心城市为核心的都市圈建设时期，都市圈里的城市间彼此联动、协调发展，不论原来发展水平如何，通过都市圈建设实现整个区域内的一体化，构建新型城市化。京津冀都市圈呈现出以下几个特征：城市规模形成梯次性的特征，有大都市作为中心，有中型城市环绕周围，也有卫星城市；都市圈产业布局较为合理，产业结构依原有的产业基础和现实条件逐步形成，相对情况下存在产业同构问题；北京高端生产性服务业较为发达，天津中高端生产性服务业较为发达，河北低端生产性服务业发达，形成具有明显层次的产业梯度，各地生产性服务业在促进制造业协同发展等方面作用突出；京津冀都市圈尚未形成系统性的城市规划和管理体制，各种交通方式正处于建设、调整、衔接与优化阶段。鉴于加快城市进程对于促进生产性服务业与制造业协同具有重要的意义，京津冀在都市圈规划建设中所处定位不同，空间结构布局各异，联动基础上明确定位，理顺都市功能，积极快速对空间进行结构进行调整，为生产性服务业与制造业协同提供环境平台。

（二）依据京津冀协同规划调整产业空间格局

空间功能定位是科学推动京津冀协同发展的重要前提和基本遵循。学者就该问题进行了广泛的探讨，从三个城市的功能定位，各自区域的产业空间布局，以及协同发展的空间重点难点等方面取得较多的成果[240~242]。2015 年 8 月颁布的《京津冀协同发展规划纲要》中明确京津冀三地的发展定位以及空间布局特征，

北京定位为全国政治中心、文化中心、国际交流中心和科技创新中心；天津定位为全国先进制造研发基地、北方国际航运中心区、金融创新运营示范区、改革开放先行区；河北省定位为全国现代商贸物流重要基地、产业转型升级试验区、新型城镇化与城乡统筹示范区、京津冀生态环境支撑区。京津冀在空间布局上充分体现了各自特色和优势条件，明确了"功能互补、区域联动、轴向集聚、节点支撑"的空间优化思路，逐步有序疏解北京非首都功能，构建以重要城市为支点，以战略性功能区平台为载体，以交通干线、生态廊道为纽带的网络型都市圈空间格局。

（三）优化京津冀都市环境，推进生产性服务业和制造业空间协调

京津冀都市圈建设，优化都市圈环境，要全面学习浙江省的先进经验，浙江省致力于打造舒适、宜居的都市软环境，在高科技产业、文化创意企业和现代服务业等发展方面取得很好的成绩，积极地促进了产业升级和转型，加快了生产性服务业与制造的融合和协同。产业协同与发展需要产业生产要素的集聚和流动，产业结构优化升级更需要包括技术、知识、人才和信息等生产要素的高度集聚和较好的流动性，高端生产要素形成集聚会更好地推进产业结构优化和升级。这些优质的生产要素受优良的产业环境所吸引，没有好的都市软环境，不可能吸引高端生产要素在此集聚，"筑巢引凤"成为京津冀都市圈环境优化的目标。为了打造好京津冀都市圈的环境，就需要都市圈有整体性规划，布局都市圈内城市的定位，营造高端要素流入的制度、体制、政策、居住环境等软环境，将高端生产要素汇聚起来，推进高端需求的产生和产业分工的深化。

四、调整产业链布局以加强两产业协同

从京津冀各自发展来看，区域内生产性服务业与制造业在不同程度上存在失调的状况，当前各自区域两大产业都没有达到理想中的协同和关联。两大产业协同发展与区域主导产业存在相关关系，制造业越先进，作为知识和技术投入的生产性服务业就越有可能与之融合协同发展，先进制造业中具备优势主导产业的制造业投入的资本、技术越高，生产性服务业越容易嵌入制造业价值链中，进而与生产性服务业的协同程度越高。为此，需要对京津冀生产性服务业与制造业进行结构性调整，以使京津冀区域内和区域间两大产业能够实现理想状态的协同和关联。

（一）京津冀区域间进行产业结构调整

第一，调整北京制造业结构，提升和强化高端生产性服务业水平。北京、天津高端制造业和生产性服务业在地区产业中占优势地位，其中北京生产性服务业优于天津，但制造业却处于比较劣势地位，这样的产业格局是造成北京和天津生产性服务业与制造业难以协同的主要原因。为此，将北京与天津存在产业同构的交通运输设备制造业、计算机、通信和其他电子设备制造业、专用设备制造业以及石油加工、炼焦和核燃料加工业，将北京与河北存在产业同构的石油加工、炼焦和核燃料加工业、专用设备制造业等，进行有效地疏导和重新调整布局。一方面将北京与天津、河北产业同构比较严重的、技术含量不高的制造业转移至天津和河北，转移过程中，一定要依据京津冀原有产业的比较优势，形成产业的强强联合，从而能有效地整合，形成规模优势。另一方面，继续提升留在北京制造业的科技水平，通过加强与新兴、高端生产性服务业合作，提升制造业的科技含量，进而能有效地与生产性服务业形成协同。

第二，调整天津和河北的产业结构，发挥生产性服务业的拉动和推动作用。河北基础制造业占据比较优势地位，但其生产性服务业十分薄弱，而天津以装备制造业为代表的技术型制造业，以石油加工、炼焦为代表的资源消耗型制造业基础好，但与之相匹配的生产性服务业水平较低，难以形成产业协同。同时，天津和河北在黑色金属冶炼和压延加工业、金属制品业、石油加工、炼焦和核燃料加工业等制造业存在产业同构现象，并且这些制造业对生产性服务业的拉动作用强于生产性服务业对制造业的拉动作用。天津高端制造业对生产性服务业的拉动作用比北京更明显，而河北生产性服务业和高端制造业比较薄弱，主要依靠基础制造业拉动生产性服务业发展。一方面将天津与河北产业同构比较严重的、技术含量不高的制造业转移至河北，如黑色金属冶炼和压延加工业、金属制品业、石油加工、炼焦和核燃料加工业等产业，使天津在产业转型中处于较高的层次水平，逐渐向高端制造业发展，更能有效承接来自北京的高端生产性服务业，提升跨区域的协同水平。同时，还能进一步拉动生产性服务业向高端发展；另一方面，河北首先要提升生产性服务业水平，尤其是针对基础型制造业的服务，通过生产性服务业的高水平发展，有效拉动制造业的转型和升级，升级的制造业又开始向更高水平的生产性服务业提出更高要求，进而能有效地与生产性服务业形成协同。

（二）加强京津冀两大产业链垂直关联

从区域内两大产业链垂直关联角度看，增加各自制造业与生产性服务业的垂直关联程度。北京制造业中高端制造业占主导地位，需要更多生产性服务业与之配套，在细分行业中，北京制造业对交通运输、仓储和邮政业、信息传输、软件和信息服务业、科学研究和技术服务业技术密集型产业需求率相对较高，而对金融业的中间需求率却比较低，这说明高端制造业与生产性服务业的产业关联还不够充分，高端制造业与生产性服务业的匹配程度，也会影响北京高端制造业的发展与升级，应在相互间的垂直关联匹配上加强；天津、河北制造业对交通运输、仓储和邮政业、住宿餐饮业传统型生产性服务业的中间需求率相对较高，主要原因是天津、河北制造业比重高，产品流动性强，本身对交通运输需求大，其次是津冀两地的制造业结构还是比较低端，附加值较低，对新兴生产性服务业需求较少。这就需要天津和河北利用制造业升级转型的契机，促使其与生产性服务业的紧密结合。

从产业间前后向关系上看，北京具有科技创新优势的交通运输设备、通信设备、计算机和其他电子设备等产业的影响力系数应保持处于高位水平，促进其发展可以进一步带动其他产业的发展，持续发挥北京生产性服务业对其他产业的后向投入行业的强带动能力。北京两大产业继续巩固和发展结构性嵌入和关系性嵌入的效应，天津制造业在金属冶炼和压延加工品、通信设备、计算机和其他电子设备、交通运输设备、食品和烟草、石油、炼焦产品和核燃料加工品等制造业领域影响力系数比较大，加之向先进制造业转型的功能定位，就目前而言，制造业转型与升级的产业关联基础很好，但是，天津生产性服务业中交通运输、仓储和邮政业、批发和零售业传统型生产性服务业影响力系数较大，说明生产性服务业整体对其他产业的后向联系不大，为了实现天津制造业向高端化转型，一方面应加强高端生产性服务业的培育，另一方面，应强化产业间和产业内的垂直关联。河北制造业中金属冶炼和压延加工品、化学产品、食品和烟草、石油、炼焦产品和核燃料加工品、金属制品等的影响力系数较大，均属于中低端制造业，即使能对产业内和产业间形成较强的垂直关联效应，但向制造业升级转型的方向调整难度较大，需要承接北京和天津高端制造业环节。生产性服务业中交通运输、仓储和邮政业、批发和零售业的影响力系数与天津相似，均属于传统型生产性服务业，生产性服务业整体对其他产业的后向联系不大，需要在高端先进的制造业升级的基础上，提升生产性服务业的水平，二者形成协同的跃升效应，在产业内和产业间以关系型和结构型嵌入形成垂直关联。

（三）促进跨区域两产业协同发展再平衡

首先，由互动走向协同，深入分析二者协同发展影响要素，以强化二者产业关联。京津冀生产性服务业与制造业之间都存在长期均衡，短期内有波动；津冀的生产性服务业是引起制造业变化发展的原因，制造业也是引起生产性服务业变化发展的原因，北京生产性服务业是引起制造业的原因，但是制造业不是引起生产性服务业发展的原因。由此可见津冀生产性服务业与制造业的关系是互动和融合的。津冀正处在转型升级的关键阶段，需要包括科技研发、信息计算、金融服务、物流运输、管理咨询等专业化的生产性服务业，发挥技术进步和研发创新优势，促进制造业向价值链高端延伸。同时，中低技术制造业一方面需要生产性服务业通过规模化外包服务降低其生产成本；另一方面，天津高端制造业产业基地建设成效取决于生产性服务的研究、设计、创意、咨询等高技术要素输入数量和质量，通过这些要素与制造业生产价值链相关环节的连接、协调与嵌入，提升制造业的创新水平。

其次，加强产业间关联度，逐步将产业进行梯度转移，以实现二者协同发展的再平衡。通过非均衡性的实证分析发现协同发展中的非均衡性问题，这与天津产业发展的实际需要相背离，天津、河北正处于制造业转型升级的攻坚阶段，中低技术制造业也有向产业链高端升级的需求，同时也需要通过规模经济和低成本制造提高产业竞争力，这都要求生产性服务在专业性服务方面更大力度支撑并促进制造业升级。考虑通过两种途径实现二者发展的再均衡，一方面，应提升生产性服务业作用，改变目前制造业作用大于生产性服务业的状况，生产性服务业应更多通过技术引进、人才智力支持等，促进和提升制造业升级改造，以改善制造业的效率；另一方面，为了实现均衡机制，需深入研究二者产业间的关联度问题，尤其是生产性服务业的各产业部门通过外包和价值链嵌入形式，深化专业化分工，由产业关联形成关系网络结构。根据不同制造业发展对生产性服务业的不同需求，在产业链镶嵌和连接层面实现二者间的产业关联。

五、强化体制和机制建设以增强企业间知识关联

（一）建立京津冀企业知识管理体制

生产性服务业与制造业在互动中存在知识上的关联，松散的知识关联难以形成彼此间的协同竞争力，建立企业间的知识管理系统，在统一的知识系统中协调双方获取、生成、管理和应用及创新。这就需要制造业与生产性服务业通过产业链关联部分的专业知识，通过双方建立一个管理系统的方式进行整合和管理。这

样在知识使用和创新中就可以做到步调一致，提出知识使用需求的一方通过知识管理系统进行传递和发布，知识供给方能就需求进行开发和提供，也可以供需双方就某一知识环节共同研发、创新。京津冀企业间存在建立知识管理系统的条件和基础，产业互补、存在产业剃度、区位空间大，企业间通过协同体内知识的流动和共享，可以大幅度提高企业的知识存量，通过整个产业链的协同整合作用，共同完成产品知识含量的创新升级，最终实现了产业的整体升级，从而提高京津冀生产性服务业与制造业的整体竞争力。

（二）建立服务于协同创新的人才合作机制

制造业与生产性服务业的协同创新离不开人才的开发和利用，制造业与生产性服务业发展以及协同发展中需要各类型各专业人才，就协同发展而言，不同细分领域的制造业需要提供相应服务的服务业，涉及基础产业环节和创新产业环节的各种人才。京津冀地区高校、科研院所、研究机构聚集，尤其北京科技、教育资源丰富，天津教育资源和人力资源储备很多，河北省人口众多，为京津冀产业发展提供丰富的人力资源准备。因此，应全面分析京津冀地区制造业和生产性服务业产业结构，规划产业发展定位和方向，积极探索京津冀人才合作和流动机制。在人才培养上主要与产业链接，平衡好京津冀人才培养的方向和重点，在规划上首先做到协同，鼓励京津冀生产性服务业和制造业企业积极实施人才联合培养方案，实现高校与高校、高校与企业、企业与企业之间的良性互动。建立人才流动自由化机制，建立人才信息网络化，便于信息沟通，实现人才市场信息共享与互动。同时，还要加快京津户籍制度的改革，促进省市之间有层次的、有引导性的户籍制度的规范化和一体化，以消除户籍制度对人才流动的政策障碍。

（三）充分利用"互联网＋"的信息优势

京津冀生产性服务业与制造业协同发展，需要微观层面的企业间知识关联，知识关联发挥作用主要取决于信息沟通的效率，搭建信息沟通网络，在企业成员之间建立了信息沟通、快速反应的平台，成为现实的选择，这样可以实时地进行不同地域上的成员之间的协调。随着信息技术的发展和信息标准的建立，企业之间的信息鸿沟将被跨越。充分利用"互联网＋"的技术优势，将这种低成本、反应快、开放性、分享性的信息技术应用于产业协同上，主要在生产性服务业与制造业之间架起信息桥梁，超越信息鸿沟。具体操作上，企业间要根据知识关联的实际，利用"互联网＋"的技术、理念和标准，建立起内部信息网，合作伙伴信息网以及开放性的信息网，网络间既要保持一定的开放性，又要注意信息的专享性。

六、形成两产业协同发展的保障体系

（一）建立产业协同配套税收和就业政策

首先，建立产业协同税收分享政策。京津冀生产性服务业与制造业协同发展过程中必然伴随着产业的转移，在《"十三五"时期京津冀国民经济和社会发展规划》中提到通过京津冀一体化疏解北京"非首都功能"，其中最重要的部分是产业的转移，尤其是制造业的转移，通过合理的税收分享政策能加速北京产业的疏解，实现产业功能及产业在承接地更好发展。具体而言可以采取 GDP 分计、税收分享的政策来平衡输出地与输入地的利益关系，如产业疏解出去的第一年给产业带来的 GDP 和税收的 70% 计入输出地，之后逐年降低计入比例，规划几年后不再分享该产业的 GDP 和税收。

其次，制定就业保障政策。产业转移不可能伴随着用工的全面转移，更多的人员会留在产业输出地，就会带来用工供需的矛盾问题，产业输出地会造成大量的失业，输入地会伴随着用工紧缺。这样就需要配套的就业保障政策支持，如输出地政府需要制定劳动保障、职业培训、人员分流等保障政策；输入地政府需要提前规划用工需求，制定相应的政策引进人才、培养人才，促进人才和用工的合理有序流动。同时，可以成立京津冀产业协同基金，除支持产业协同发展、功能升级和产业转移外，考虑支持下岗工人的再就业培训和劳动保障，用于输入地用工的培训和人力资源的提升。

（二）做大做强区域优势产业形成产业战略阶梯

实证结果表明，京津冀生产性服务业与制造业的耦合协调度随市场规模的扩大而提升。随着京津冀企业做大做强，走向全国乃至国际市场，将面临更加激烈的竞争，这时企业必须增强自身实力，勇于迎接挑战，才能形成产业聚合力，创造比较优势，为产业的互补与合作提供前提支持。京津冀地区的企业应将自身优势与区位发展战略相结合，将个体利益与区域整体利益相结合，提高企业和产业的国际竞争力。例如河北省制造业主要为高能耗型、高污染型，产业结构需要优化，应引进更多相对先进的制造业，才能带来对相关生产性服务业需求的增加。

京津冀三地优势产业各异，本可以形成良好的互补局面，发挥各自优势携手并进，但现实并非如此。其中一个重要的原因就是京津冀区域差距过大，在不同地区间，特别是河北与京津之间，形成了"产业断层"而非"产业梯度"。由于产业链上下游不能有效对接，京津地区生产性服务业企业与那些经济发展水平相类似的企业合作将更有利可图，由此，河北省将被排斥在"协同圈"之外。河北省只有尽快转变其粗放的产业发展方式，才有可能赶上京津的发展步伐，形成京津冀产业错落有致的阶梯形协同格局。

（三）打造京津冀便捷的交通网络体系

为了促进京津冀生产性服务业和制造业的协同发展，必须加强京津冀间联系，保证京津冀人流、物流、信息流的顺畅沟通，为此必须构建高效快捷的交通系统，既要完善城际交通，还要注重城市与城际交通的衔接。首先，要加快城际间陆海空交通网络的建设，利用地缘优势加快发展京津冀城际间的高速公路网、轨道交通网、城际航道、支线航空网建设，不断增强城市群内城市间产业间的联系。其次，还要注重城市内部交通网络的建设，北京、天津两大核心城市要建成以地铁轻轨及城市公交为主、辅以公共自行车等环保交通工具的城市交通网络系统；中小城市要构建以公交为主、以公共自行车为辅的城市交通网络系统，优化交通体系。最后，要不断完善城际与城市交通系统的衔接，主要包括城际与城市轨道交通的衔接。高速公路与城市的对接，铁路与机场、港口的衔接，打造一体化交通网络体系，提高人流、物流的转移效率。

（四）优化京津冀生态环境

环境污染是京津冀协同发展面临的最直接的障碍之一，如何以环境承载力统领京津冀协同发展是一个重要的现实问题。各地区应共同规划制定污染治理、生态保护和产业升级方案。一是建立统一协调的环保工作机制，实行省级联合、部级联席或者专项工作领导小组等方式来打破多头管理、重复建设、厚此薄彼、职能交叉等现象，统筹区域生态环境保护和资源开发利用。二是对于矿产、水资源、土地等自然资源实现优化配置利用，从政府角度打破地域边界的藩篱，努力实现土地资源的统筹利用，根据区域功能定位进行土地资源合理配置，合理优化配置土地资源。三是对于各种来源渠道的资金统筹合理利用，在配套资金使用上应统筹规划合理配置，共同治理环境污染问题，共同享受环境优化红利，避免各自为营、重复建设。四是尽快完善多元化的生态补偿机制，应建立以中央政府补偿为主、地方间横向补偿为辅的生态补偿机制，在中央政府与地方政府之间进行明确分工。中央政府重点解决生态涵养区可持续发展问题，地方政府应根据"谁受益，谁付费"的原则，进行基于项目的横向补偿。完善政府间横向财政转移支付制度，对环境保护政策实施所形成的增支减收给予合理补偿，可采取项目补偿、政策补偿、资金补偿、技术补偿等多种方式。

第三节　本章小结

本章论述了京津冀生产性服务业与制造业协同的三方面路径：

路径1——优化雄安新区和京津冀产业空间布局。第一，基于城市空间维度提出，优化产业空间布局的策略。提出正确认识雄安新区和京津冀产业空间特点，协调好"雄安新区＋京津冀协同"的关系，明确产业定位，在相互支撑、相互补充、相互提升中不断优化和发展。第二，优化雄安新区与京津冀产业空间布局。通过京津冀协同定位破除北京长期存在的"虹吸"效应；通过京津冀产业协同强化天津市全国先进制造研发基地、北方国际航运中心区、金融创新运营示范区和改革开放先行区的功能定位；结合河北省建设为全国现代商贸物流重要基地、产业转型升级试验区、新型城镇化与城乡统筹示范区、京津冀生态环境支撑区的功能定位，布局产业转型升级与商贸流通服务业等。

路径2——基于产业链维度强化价值链协同演进。京津冀产业协同需要基于产业链维度，强化价值链协同，在生产性服务业与制造业间形成垂直关联，在循环累积因果效应下构建两者良好的互动关系。第一，构建嵌入性生产性服务业与制造业产业链垂直关联结构，从关系性嵌入和结构性嵌入两个层次，进行产业链垂直关联的价值链协同演进重构；基于产业垂直关联嵌入性模型构建价值链结构，形成天津和河北的关系性嵌入价值链模型和北京市的结构性嵌入价值链模型。

路径3——塑造企业间协同网络以强化知识关联。第一，通过强化初级知识和较高级知识，把握知识关联促进价值链通过构建产业链升级的关键环节等途径，构建多层次企业间知识关联体系；第二，构建京津冀企业间的战略协同、组织协同、文化协同和技术协同，打造企业间基于知识关联的协同网络。

本章提出了促进京津冀生产性服务业与制造业协同发展的对策建议：

对策1——营造适宜产业协同的行政与市场大环境。第一，认识到政府和市场都是资源配置的方式，彼此相互协调和配合。京津冀地方政府应摈弃各自为政的治理理念，转变政府职能，厘清政府与市场的边界；密切配合，处理好政府与市场之间的关系。第二，建立公平的市场竞争环境，打破地方保护政策，依据法律法规保护健全公平的市场竞争环境。第三，建立资本、技术、产权、人才和劳动力等要素的一体化市场。

对策2——建立协同发展的组织和制度框架体系。第一，加强京津冀区域组织层面的顶层设计，在京津冀地区建立管理范围介于京津冀跨区域"大一统"和地市之间的机构或组织，在京津冀的范围内设立四个次行政联席区域。第二，建立目标一致、层次明确、互相衔接的产业协同联动制度，具体到建立京津冀产业协同联动例行工作制度，建立京津冀生产性服务业与制造业协同联络体制。第三，建立京津冀产业协同的协调制度。

对策3——打造有利于两产业协同的空间格局。具体而言，打造有利于产业协同的空间格局；依据京津冀协同规划调整产业空间格局；优化京津冀都市环境，推进生产性服务业和制造业空间协调。

对策4——调整京津冀产业链布局以加强两产业协同。在京津冀区域间进行产业结构调整，调整北京制造业结构，提升和强化高端生产性服务业水平，调整天津和河北的产业结构，发挥生产性服务业的拉动和推动作用。加强京津冀两大产业链垂直关联，促进跨区域两大产业协同发展的再平衡。

对策5——强化体制和机制建设以增强企业间知识关联。提出建立京津冀企业知识管理系统、建立人才合作机制服务于协同创新，以及充分利用"互联网＋"的信息优势等具体措施。

对策6——建立促进京津冀产业协同的保障体系。主要包括建立产业协同配套税收和就业政策、做大做强区域优势产业形成产业战略阶梯、打造京津冀便捷的交通网络体系、优化京津冀生态环境等。

第八章

结论与展望

第一节　研究结论

结论一：京津冀生产性服务业与制造业整体上存在长期均衡性。三地各自区域内两产业互动耦合强度表现出不同特点，天津生产性服务业和制造业间互动耦合性强于北京，北京强于河北；从区域间角度来看，北京生产性服务业能够带动天津生产性服务业的发展，并利用其强大辐射力促进天津制造业的大力发展。北京高端制造业对天津制造业一直都存在稳定的促进作用，这种促进作用并没有呈现持续增强的趋势。

结论二：京津冀生产性服务业与制造业协同存在非均衡性特征。区域内生产性服务业对制造业的作用强度与制造业对生产性服务业的作用强度是不一致的，如天津制造业转型升级时期更要求生产性服务业提供专业化和技术性支撑服务，也就是生产性服务业的支撑作用应大于制造业的拉动作用；北京生产性服务业的辐射作用强于制造业的辐射作用，区域间须采取错位发展，才能从非均衡走向均衡状态。

结论三：京津冀生产性服务业与制造业协同程度不同。从区域内看，天津两大产业耦合协调度明显高于北京、河北，总体均处于中级协调水平；从区域间看，北京新兴生产性服务业与天津制造业的耦合协调度高于河北，并且在某些产业出现高级协调的水平。

结论四：京津冀生产性服务业与制造业的协同受多种因素影响。市场规模越大越能促进两大产业协同；市场化程度提升反而降低生产性服务业与制造业耦合协调度；人力资本的提升与京津冀生产性服务业与制造业产业耦合协调度成正相关；技术进步的提升与京津冀生产性服务业与制造业产业耦合协调度成正相关；外商直接投资的提升与京津冀生产性服务业与制造业产业耦合协调度成正相关；环境水平越差越不利于二者产业实现耦合发展。

结论五：京津冀生产性服务业与制造业的协同水平可以从优化空间布局、加强产业关联、增强企业间知识关联等三条路径进行系统性提升；并提出营造适宜产业协同的行政与市场大环境、建立协同发展的组织和制度框架体系、优化产业空间环境、强化产业链关联、梳理促进知识关联的机制和体制以及形成京津冀两产业协同的保障体系等六个方面的对策建议，加速京津冀生产性服务业与制造业的协同水平。

第二节　研究展望

在京津冀协同发展战略实施、雄安新区设立和"中国制造2025"宏观背景下，做如下研究展望：

第一，基于空间视角，在京津冀跨区域的视阈下，进一步研究生产性服务业与制造业协同发展的空间优化、定位、布局等问题。本书虽尝试通过整体和部分、动态与静态两个维度，探讨产业空间的协同、布局与相互联系，但依据空间、环境、资源等要素进行优化的研究范畴并未建立起来，后续研究应把握在新的形势下，如何动态调整和适配京津冀生产性服务业与制造业的空间关系。

第二，基于产业链视角，如何充分发挥市场机制和政府机制，理顺京津冀生产性服务业与制造业细分行业间协调配合与协同发展，形成融合、互动、创新的产业关系，也是未来研究的方向。市场机制强调环境的建立、信息的沟通、技术的配合以及资源的流动等，政府机制更着重引导、推动、规划等内容，"有形与无形之手"相互配合、彼此联动共同培育京津冀一体化格局。

第三，京津冀生产性服务业与制造业协同发展的效应及效果研究，是未来研究的重点方向。京津冀产业协同发展应促进经济发展、产业转型升级、创新活跃等方面，经过一段时间的建设和发展，京津冀生产性服务业与制造业协同的效应和效果如何，能否通过量化的方法进行深入研究，值得引起学界关注和研究推进。

参 考 文 献

[1] Greenfield H. Manpower and the Growth of Producer Services [M]. New York: Columbia University Press, 1966: 37 – 47.

[2] 钟韵, 闫小培. 西方地理学界关于生产性服务业作用研究述评 [J]. 人文地理, 2005 (3): 5, 12 – 17.

[3] 赵弘. 全球生产性服务业发展特点、趋势及经验借鉴 [J]. 福建论坛 (人文社会科学版), 2009 (9): 22 – 25.

[4] 赫伯特·C. 格鲁伯, 迈克尔·A. 沃克, 服务业的增长: 原因与影响 (中译本) [M]. 上海: 上海三联书店, 1993: 21 – 25.

[5] Hansen, N. Do Producer Services Include Regional Economic Development [J]. Journal of Regional Science, 1990 (4): 465 – 476.

[6] Hansen, N. The Strategic Role of Producer Services in Regional Development [J]. International Regional Science Review, 1994 (1 – 2): 359 – 364.

[7] 郑吉昌, 夏晴. 论生产性服务业的发展与分工的深化 [J]. 科技进步与对策, 2005 (2): 13 – 15.

[8] 秦世俊. 世界先进制造业发展态势 [J]. 华东科技, 2004 (12): 16 – 18.

[9] 迈克尔. 波特. 竞争论 [M]. 北京: 中信出版社, 2003.

[10] 胡珑瑛, 蒋樟生. 产业集聚的分形研究 [J]. 管理世界, 2007 (3): 166 – 167.

[11] 梁琪, 黄利春. 马克思的地域分工理论、产业集聚与城乡协调发展战略 [J]. 经济前沿, 2009 (10): 10 – 14.

[12] 樊秀峰, 康晓琴. 陕西省制造业产业集聚度测算及其影响因素实证分析 [J]. 经济地理, 2013 (9): 115 – 119.

[13] 厉以宁. 区域发展新思路 [M]. 北京: 经济日报出版社, 2002: 38 – 41.

［14］张秀生，卫鹏鹏．区域经济学理论［M］．武汉：武汉大学出版社，2005：82－86．

［15］雷朝阳，陈永秀．我国城市经济辐射力研究综述［J］．广西社会科学，2010（1）：52－55．

［16］谢小琴．产业梯度转移理论与江西的经济发展［D］．江西：南昌大学经济管理学院，2005：3－10．

［17］徐从才，原小能．产业转移与产业创新［J］．经济学动态，2004（3）：23－25．

［18］徐孝勇．西南地区商贸中心构建与发展对策研究［D］．重庆：西南大学经济管理学院，2005：11－14．

［19］Marshall，J. N. and Damesick，P. and Wood，P. 1987. Understanding the location and role of producer services in the United Kingdom［J］. Environment and planning A，Vol. 22，pp. 1337－1354.

［20］Hansen，N. Do Producer Services Induce Regional Development?［J］. Journal of Regional Science，1990，30（4）：465－476.

［21］Daniels，P. W. producer services research in the World Economy［M］. Blackwell Publishers. 1993：111－115.

［22］Coffey，W. J. 2000. The geography of producer services［J］. Urban Geography，Vol. 21，No. 2，pp. 170－183.

［23］Goe R. ，Producer Services，Trade and the Social Division of Labor［J］. Regional Studies，1990（4）：327－342.

［24］Lundquist K J，Olander L O，Henning M S. Producer Services：Growth and Roles in Long-term Economic Development［J］. The Service Industries Journal，2008，28（4）：463－477.

［25］闫小培．广州信息密集服务业的空间发展及其对城市地域结构的影响［J］．地理科学，1999（5）：405－410．

［26］李江帆，李冠霖．广东省服务业发展与改革研究［M］．北京：中国市场出版社，2005：56－60．

［27］曹毅，申玉铭，邱灵．天津生产性服务业与制造业的产业关联分析［J］．经济地理，2009，29（5）：71－776．

［28］刘书瀚，张瑞，刘立霞．中国生产性服务业和制造业的产业关联分析［J］．南开经济研究，2010（6）：65－74．

［29］高觉民，李晓慧．生产性服务业与制造业的互动机理：理论与实证

[J]. 中国工业经济, 2011, 279 (6): 151 – 160.

[30] 安虎森. 新区域经济性 (第三版) [M]. 大连: 东北财经大学出版社, 2015 (2): 160 – 163.

[31] 郭克莎. 我国产业结构变动趋势及政策研究 [J]. 管理世界, 1999 (5): 34 – 38.

[32] 温晓明. 产业结构高级化中的区域创新能力新视角 [J]. 经济体制改革, 2006 (2): 100 – 103.

[33] 孟昌. 产业结构研究进展述评 [J]. 现代财经, 2012 (1): 35 – 39.

[34] Lsard, W. Location and Space-Economy: Cambridge. Mass [M]. MIT Press, 1956: 30 – 35.

[35] Hirschman, A. O. The strategy of Economic Development [M]. New Haven, Yale University Press, 1958: 56 – 62.

[36] 筱原三代平. 产业结构论 [M]. 北京: 中国人民大学出版社, 1990: 10 – 13, 56 – 67.

[37] 张凯. 京津冀地区产业协调发展研究 [D]. 武汉: 华中科技大学, 2007: 34 – 38.

[38] Gunter Sehramm. Regional Cooperation and Economic Development [J]. The Annals of Regional Science, 1986, 20 (2): 1 – 16.

[39] Giok-Ling Ooi. The Indonesia-Malaysia-Singapore Growth Triangle: Sub-regional Economic Coope ration and Integration [J]. GeoJournal, 1995 (4): 337 – 344.

[40] Mark Beeson. Asymmetrical Regionalism: China, Southeast Asia and Uneven Development [J]. East Asia: An International Quarterly, 2010, 24 (4): 329 – 343.

[41] Sonis Michael, Hewings Geoffrey J. D. , Miyazawa Kenich. Synergetic Interactions with in the Pair-wise Hierarchy of Economic Linkages Sub-Systems [J]. Hitotsubashi Joximal of Economics, 1997 (5): 183 – 199.

[42] 冷志明. 中国省际毗邻地区经济合作与协同发展的理论基础及运行机制研究 [J]. 科学·经济·社会, 2007, 25 (2): 25 – 29.

[43] 李琳, 刘莹. 中国区域经济协同发展的驱动因素——基于哈肯模型的分阶段实证研究 [J]. 地理研究, 2014, 33 (9): 1603 – 1616.

[44] 邱少明. 五重维度下江苏区域经济协同发展的内驱机制 [J]. 决策咨询, 2011, 21 (1): 27 – 31.

［45］刘英基. 中国区域经济协同发展的机理、问题及对策分析化理论月刊［J］. 2007（3）：126 – 129.

［46］Stratos Loizou, Konstandinos Mattas, Vangelis Tzouvelekas, et al. Regional Economic Development and Environmental Repercussions：An Environmental Input-output Approach［J］. International Advances in Economic Research, 2000, 6（3）：373 – 386.

［47］John Foster. From Simplistic to Complex Systems in Economics［J］. Cambridge Journal of Economics Volume, 2005, 6（1）：873 – 892.

［48］Ramphul Ohlan. Pattern of Regional Disparities in Socio-economic Development InIndia：District Level Analysis［J］. Social Indicators research, 2013, 114（3）：841 – 873.

［49］卢启程. 都市农业与生态城市的协同发展——昆明市发展都市农业为例［J］. 云南财经大学学报（社科版），2010, 7（3）：83 – 86.

［50］贺玉德，马祖军. 产业转移下区域物流与区域经济协同度分析——基于四川省的实证研究［J］. 管理现代化，2014, 33（1）：99 – 101.

［51］Noboru Sakashita. Aneconomic Theory of Urban Growth Control［J］. Regional Science and Urban Eco nomics, 1995, 25（4）：427 – 434.

［52］Sharma S. Persistence and stability in city growth［J］. Journal of Urban Economics, 2003, 53（2）：300 – 320.

［53］陈迪. 基于 PRER 区域协同发展的城市成长［J］. 现代城市研究，2006, 20（11）：56 – 61.

［54］高玲玲. 中心城市与区域经济增长：理论与实证［J］. 经济问题探索，2015, 35（1）：76 – 81.

［55］苗长化，张建伟. 基于演化理论的我国城市合作机理研究［J］. 人文地理，2012, 32（1）：54 – 59.

［56］Thompson J H. Some Theoretical Considerations for Manufacturing Geography［J］. Economic Geography, 1966（4）：146 – 149.

［57］阿瑟·刘易斯. 国际经济政治的演变［M］. 北京：商务印书馆，1984：26 – 30.

［58］胡丹. 我国产业梯度转移及其调控研究［D］. 武汉：武汉理工大学管理学院，2014：17 – 20.

［59］戴宏伟，田学斌，陈永国. 区域产业转移研究——以"大北京"经济圈为例［M］. 北京：中国物价出版社，2003：39 – 43.

[60] 陈永国, 马丽慧. 基于产业梯度系数分析的京津冀工业分行业的发展趋向 [J]. 生产力研究, 2004 (1): 111 –113.

[61] 陈蕊, 熊必琳. 基于改进产业梯度系数的中国区域产业战略构想 [J]. 中国科技论坛, 2007 (8): 8 –12.

[62] 杨桃珍. 产业转移与中国区域经济梯度发展 [D]. 武汉: 武汉大学, 2005: 22 –25.

[63] 庞娟. 产业转移与区域经济协调发展 [J]. 理论与改革, 2000 (3): 81 –82.

[64] 郑小娟. 论区域产业梯度转移与结构优化——以江西省龙南县承接沿海发达地区产业转移实证分析 [J]. 商场现代化, 2007, 522 (11): 237 –238.

[65] 李奔奔, 李嘉伟. 我国纺织产业梯度转移滞缓的原因及对策分析 [J]. 山东纺织经济, 2008, 144 (2): 10 –12.

[66] Cohen S, Zysman J. Manufacturing matters: the myth of the post-industrial economy [C]. Basic Book, 1987: 118 –119.

[67] Guerrieri P, Meliciani. International Competitiveness in Producer Services [C]. Paperpresented at the SETI Meeting in Rome, 2003 (5): 131 –134.

[68] Bouratier, V. Heterogeneous Bank Regulatory Standards and the Cross-border supply of financial services[J]. Economic modelling, 2014 (40): 342 –354.

[69] Lee. K. D. , and S. J. Hwang. Regional Characteristics, Industry Agglomeration and Location Choice: Evidence from Japanese Manufacturing Investment in Korea [J]. Journal of the East Asian Economic Association, 2016, 30 (2): 123 –145.

[70] 张世贤. 工业投资效率与产业结构变动的实证研究——兼与郭克莎博士商榷 [J]. 管理世界, 2000 (5): 79 –85.

[71] 江小涓, 李辉. 服务业与中国经济: 相关性和加快增长的潜力 [J]. 经济研究, 2004 (1): 4 –15.

[72] Markusen. Trade in Producer Services and in other Specialized Intermediate Inputs [J]. American economic review, 1997 (42): 308 –312.

[73] Herbert G. Grubel, Michael A. Walker. Service and the Changing Economic Structure [C]. Services in World Economic Growth Symposium Institute, 1998: 90 –92.

[74] Eswarran M, Kotwal A. The Role of Service Section in the Process of Industrialization [C]. Manusc rio, University of British Columbia, 2001: 56 –60.

［75］Joseph Francois，Julia Woerz. Producer Services，Manufacturing Linkages，and Trade［R］. Tinbergen Institute Discussion Paper，2007：59 –63.

［76］Joel Goldhar，Daniel Berg. Blurring the Boundary：Convergence of Factory and Service Processes［J］. Journal of Manufacturing Technology Management，2010（3）：312 –317.

［77］吕政，刘勇，王钦等. 中国生产性服务业发展的战略选择——基于产业互动的研究视角［J］. 中国工业经济，2006（8）：5 –12.

［78］江静，刘志彪，于明超. 生产性服务业发展与制造业效率提升［J］. 世界经济，2007（8）：52 –62.

［79］李江帆，朱胜勇. 金砖四国生产性服务业的水平、结构与影响——基于投入产出法的国际比较研究［J］. 上海经济研究，2008（9）：3 –10.

［80］Markusen J. Trade in Producer Services and in other Specialized Intermediate Inputs［J］. American Economic Review，1989，236（1）：81 –89.

［81］Francois J. Producer Services，Scale，and the Division of Labor［J］. Oxford Economic Papers，1990，318（4）：101 –108.

［82］Porter M E. Clusters and New Economics of Competetion［J］. Harvard Business Review，1998，297（11）：77 –91.

［83］Mukim，M. Coagglomeration of Formal and Informal Industry：Evidence from India［J］. Journal of Economic Geography，2015，15（2）：329 –251.

［84］Gracht H A，Darkow I. Scenarios for The Logistics Services Industry：A Delphi-based Analysis for 2025. International Journal of Production Economics，2010，127（1）：46 –59.

［85］Ramasamy B，Yeung M. The Determinants of Foreign Direct Investment in Services. The World Economy，2010（33）：573 –596.

［86］Subramanian A. and Kessler M. The Hyperglo-balization of Trade and its Future，Peterson Institute for International Economics Working Paper，2013，WP13 –17.

［87］Beveren I. V.. Total Factor Productivity Estimation：A Practical Review［J］. Journal of Economic Sur-veys，2012，26（1）：98 –128.

［88］Vogel A. ，Wagner J. Exports and Profitability：First Evidence for German Business Services Enter-prise［J］. Applied Economics Quarterly，2010，56（1）：7 –30.

［89］Marshall A. Principles of Economics［M］. London：Macmillan，2012：85 –

90.

[90] K. J Lundquist, L. O. Olander & M. S. Henning. Producer Services: Growth and Roles in long-term Economic Development [J]. The Service Industries Journal, 2008, 28 (4): 463 – 477.

[91] Helsley R W, Strange W C. Coagglomeration, Clusters, and the Scle and Compositions of Cities [J]. Journal of Political Economy, 2014 (5): 1064 – 1093.

[92] Marrocu E, Paci R, Usai S. Productivity Growth in the Old and New Europe: The Role of Agglome-ration Externalities [J]. Journal of Regional Science, 2013, 53 (3): 418 – 442.

[93] Gabe T M, Abel J R. Shared Knowledge and the Coagglomeration of Occunations [J]. Regional Studies, 2016, 50 (8): 1360 – 1373.

[94] 陈宪, 黄建锋. 分工, 互动与融合: 服务业与制造业关系演进的实证研究 [J]. 中国软科学, 2004 (10): 65 – 71.

[95] 顾乃华, 毕斗斗, 任旺兵. 中国转型期生产性服务业发展与制造业竞争力关系研究: 基于面板数据的实证分析 [J]. 中国工业经济, 2006, 196 (9): 14 – 21.

[96] 程大中. 中国服务业相对密集度及其对劳动生产率的影响 [J]. 管理世界, 2005 (2): 77 – 84.

[97] 高传胜. 中国生产者服务对制造业升级的支撑作用——基于中国投入产出数据的实证研究 [J]. 山西财经大学学报, 2008, 30 (1): 44 – 50.

[98] Porter M E. Clusters and the new economics of competition [J]. Harvard business review, 1998, 76 (6): 77 – 90.

[99] 高峰. 全球价值链视角下制造业与服务业的互动 [J]. 现代管理科学, 2007 (1): 43 – 45.

[100] 唐强荣, 徐学军. 生产性服务业研究述评 [J]. 商业时代, 2007 (6): 11 – 12.

[101] Guerrieri, P. and Meliciani, V. Technology and International Competitiveness: the Interdependence Between Manufacturing and Business Services [J]. Structural Change and Economic Dynamics, 2005 (16): 489 – 502.

[102] Brinkman J C. Congestion, Agglomeration, and the Structure of Cities [J]. Social Science Electronic Publishing, 2016, 94: 13 – 31.

[103] Ramasamy B, Yeung M. The Determinants of Foreign Direct Investment in Services [J]. World Economy, 2010, 33 (4): 573 – 596.

[104] Hammond G W, Thompson E C. Local Input and Productivity Growth in U. S. Manufacturing: 1972 – 2002 [J]. Journal of Regional Science, 2011, 51 (2): 339 – 354.

[105] Cainelli G, Ganau R, Iacobucci D. Do Geographic Concentration and Vertically Related Variety Foster Firm Productivity? Micro-Evidence from Italy [J]. Growth and Change, 2016, 47 (2): 197 – 217.

[106] Fazio G, Maltese E. Agglomeration Externalities and the Productivity of Italian Firms [J]. Growth and Change, 2015, 46 (3): 354 – 378.

[107] Alexander B, Tatiana K, Svetlana U. Formation of Industrial Clusters Using Method of Virtual Enterprises [J]. Procedia Economics and Finance, 2013, 5: 68 – 72.

[108] Neffke F, Henning M, Boschma R, et al. The Eynamics of Agglomeration Externalities along the Life Cycle of Industries [J]. Regional Studies, 2011, 45 (1): 49 – 65.

[109] Cerina F, Mureddu F. Is agglomeration really good for growth? Global efficiency, interregional equity and uneven growth [J]. Journal of Urban Economics, 2014, 84: 9 – 22.

[110] Combes P-P, Duranton G, Gobillon L, et al. The Productivity Advantages of Large Cities: Distinguishing Agglomeration from Firm Selection [J]. Econometrica, 2012, 80 (6): 2543 – 2594.

[111] Kondo H. International R&D Subsidy Competition, Industrial Agglomeration and Growth [J]. Journal of International Economics, 2013, 89: 233 – 251.

[112] 邱灵, 申玉铭, 任旺兵. 北京生产性服务业与制造业的关联及空间分布 [J]. 地理学报, 2008 (12): 1299 – 1310.

[113] 冯泰文. 生产性服务业的发展对制造业效率的影响 [J]. 数量经济技术经济研究, 2009 (3): 57 – 64.

[114] 顾乃华. 我国城市生产性服务业集聚对工业的外溢效应及其区域边界——基于 HLM 模型的实证研究 [J]. 财贸经济, 2011 (5): 115 – 122.

[115] 刘书瀚, 张瑞, 刘立霞. 中国生产性服务业和制造业的产业关联分析 [J]. 南开经济研究, 2010 (6): 65 – 74.

[116] 曹毅, 申玉铭, 邱灵. 天津生产性服务业与制造业的产业关联分析 [J]. 经济地理, 2009, 29 (5): 771 – 776.

[117] 高觉民, 李晓慧. 生产性服务业与制造业的互动机理: 理论与实证

[J]. 中国工业经济, 2011, 279 (6): 151 - 160.

[118] 张晓涛, 李芳芳. 生产性服务业与制造业的互动关系研究——基于 MS - VAR 模型的动态分析 [J]. 吉林大学社会科学学报, 2012, 52 (3): 100 - 106.

[119] 李同正, 孙林岩, 冯泰文. 制造业与生产性服务业的关系研究: 地区差异及解释 [J]. 财政研究, 2013 (5): 15 - 19.

[120] 陈光, 张超. 生产性服务业对制造业效率的影响研究——基于全国面板数据的实证分析 [J]. 经济问题探索, 2014 (2): 18 - 24.

[121] 王成东. 装备制造业与生产性服务业融合动因驱动强度测度研究——基于效率视角的实证分析 [J]. 科技进步与对策, 2015, 32 (3): 60 - 64.

[122] 唐晓华, 张欣钰. 制造业与生产性服务业联动发展行业差异性分析 [J]. 经济与管理研究, 2016 (7): 83 - 92.

[123] 陈良文, 杨开忠. 集聚与分散: 新经济地理学模型与城市内部空间结构、外部规模经济效应的整合研究 [J]. 经济学 (季刊), 2008 (1): 53 - 70.

[124] 唐杰, 孟亚强. 效率改善、经济发展和地区差异——基于对中国三大城市经济圈的实证研究 [J]. 数量经济技术经济研究, 2008 (3): 102 - 113.

[125] 袁志刚, 饶璨. 全球化与中国生产服务业发展——基于全球投入产出模型的研究 [J]. 管理世界, 2014 (3): 10 - 30.

[126] 刘奕, 夏杰长, 李垚. 生产性服务业集聚与制造业升级 [J]. 中国工业经济, 2017 (7): 24 - 42.

[127] Raff H. M. Von der Ruhr, Foreign direct investment in producer services: theory and empirical evidence, CES ifo working paper, No. 598, 2001.

[128] Andersson, Co-location of manufacturing and producer services: A simultaneous equation approach, working paper, 2004.

[129] Zhao, W. and W. Zhang. Producers Servie Improvements and Manufacturing Agglomeration When Taking Trade Costs as a Mediator Variable: Mechanism and Evidence from China [R]. RIETI Discussion Paper Series, 2012: 115 - 125.

[130] Qi, Y. and Y. Liu. Industrial Spatial Spatial Structure and Evolution of Producer Services and Manufacturing [J]. Metallurgical and Mining Industry, 2015 (3): 127 - 135.

[131] 陈建军, 陈菁菁. 制造业与生产性服务业的协同定位研究: 以浙江省 69 个城市和地区为例 [J]. 中国工业经济, 2011 (6): 141 - 150.

[132] 王硕. 生产性服务业区位与制造业区位的协同定位效应——基于长三

角 27 个城市的面板数据 [J]. 上海经济研究，2013（3）：117 - 124.

［133］江曼琦，席强敏. 制造业与生产性服务业的产业关联与协同集聚 [J]. 南开学报（哲学社会科学版），2014（1）：153 - 160.

［134］吉亚辉，段荣荣. 制造业与生产性服务业协同集聚的空间计量分析：基于新经济地理学视角 [J]. 中国科技论坛，2014（2）：79 - 84.

［135］陈赤平，刘佳洁. 工业化中期生产性服务业与制造业的协同定位研究——以湖南省 14 个市州的面板数据为例 [J]. 湖南科技大学学报，2016（1）：90 - 95.

［136］程中华. 城市制造业与生产性服务业的空间关联与协同定位 [J]. 中国科技论坛，2016（5）：85 - 90.

［137］矫萍，林秀梅. 生产性服务业 FDI 与制造业 FDI 协同集聚对制造业增长的影响 [J]. 经济问题探索，2016（6）：85 - 93.

［138］胡翠，谢世清. 中国制造业企业集聚的行业间垂直溢出效应研究 [J]. 世界经济，2014（9）：77 - 94.

［139］陆剑宝. 基于制造业集聚的生产性服务业协同效应研究 [J]. 管理学报，2014（3）：396 - 401.

［140］杨汝. 中国制造业企业全要素生产率研究 [J]. 经济研究，2015（2）：61 - 74.

［141］刘叶，刘伯凡. 生产性服务业与制造业协同集聚对制造业效率的影响——基于中国城市群面板数据的实证研究 [J]. 经济管理，2016（6）：16 - 28.

［142］Aslesen, H. W. and A. Isaken. Knowledge Intensive Business Services and Urban Industrial Development [J]. The Service Industries journal, 2007, 27（3）：321 - 338.

［143］Muller, E. and D. Doloreux. What We Should Know about Knowledge-intensive Business Services [J]. Technology in Society, 2009, 31（1）：64 - 72.

［144］Hauknes J, Knell M. Embodied Knowledge and Sector Lingkages：an Input-output Approach to the Interaction of High-and Low-tech Industries [J]. Research policy, 2009, 38（3）：459 - 469.

［145］朱海燕，魏江，周泯非. 知识密集型服务业与制造业交互创新机理研究 [J]. 西安电子科技大学学报：社会科学版，2008（2）：1 - 7.

［146］吕民乐，安同良. 知识密集型服务业对制造业创新的影响研究 [J]. 华东经济管理，2015（12）：134 - 138.

［147］张晓欣. 知识密集型服务业发展与制造业战略升级研究 [J]. 湖北社

会科学，2010 (5)：87 – 89.

[148] Miles I, Kastrionos N, Flanagan K. Knowledge-Intensive Business Services：User, Carriers and Sources of Innovation [M]. In：EIMS publication, 1995：128 – 135.

[149] 闻乃荻，綦良群. 知识密集型服务业与装备制造业互动融合过程及影响因素研究 [J]. 科技与管理，2016 (2)：7 – 14.

[150] 庞博慧，郭振. 生产性服务业和制造业共生演化模型研究 [J]. 经济管理，2010 (9)：28 – 35.

[151] 唐强荣，徐学军，何自力. 生产性服务业与制造业共生发展模型及实证研究 [J]. 南开管理评论，2009 (3)：20 – 26.

[152] 胡晓鹏，李庆科. 生产性服务业与制造业共生关系研究——对苏、浙、沪投入产出表的动态比较 [J]. 数量经济技术经济研究，2009 (2)：33 – 45.

[153] 孙久文，李爱民，彭芳梅，赵霄伟. 长三角地区生产性服务业与制造业共生发展研究 [J]. 南京社会科学，2010 (8)：1 – 6.

[154] 苗林栋，潘文卿. 中国三大增长极生产性服务业与制造业的共生关系比较 [J]. 技术经济，2014 (11)：36 – 43.

[155] 杨崇勇. 推进京津冀协同发展的关键是政策一体化 [J]. 经济与管理，2015，29 (1)：7 – 8.

[156] 曹海军. 新区域主义视野下京津冀协同治理及其制度创新 [J]. 天津社会科学，2015 (2)：68 – 73.

[157] 刘雪芹，张贵. 京津冀产业协同创新路径与策略 [J]. 中国流通经济，2015 (9)：59 – 65.

[158] 全诗凡. 京津冀区域产业分工与产业转移分析 [J]. 现代管理科学，2013 (8)：71 – 73.

[159] 张贵，王树强，刘沙，贾尚键. 基于产业对接与转移的京津冀协同发展研究 [J]. 经济与管理，2014，28 (4)：14 – 20.

[160] 马俊炯. 京津冀协同发展产业合作路径研究 [J]. 调研世界，2015 (2)：3 – 8.

[161] 李然，马萌. 京津冀产业转移的行业选择及布局优化 [J]. 经济问题，2016 (1)：124 – 129.

[162] 张旺，申玉铭. 京津冀都市圈生产性服务业空间集聚特征 [J]. 地理科学进展，2012 (6)：127 – 135.

[163] 王兴鹏, 桂莉. 京津冀生产性服务业协同发展研究 [J]. 商业经济研究, 2015 (2): 128 – 129.

[164] 席强敏, 孙瑜康. 京津冀服务业空间分布特征与优化对策研究 [J]. 河北学科, 2016, 36 (1): 137 – 142.

[165] 李剑玲, 李京文. 基于生态的京津冀生产性服务业发展探讨 [J]. 经济与管理, 2016 (2): 5 – 8.

[166] 杜君君, 刘甜甜, 谢光亚. 京津冀生产性服务业与制造业协同发展——嵌入关系及协同路径选择 [J]. 科技管理研究, 2015 (14): 63 – 67.

[167] hier. Exports, Imports and Locations of Services Producers [M]. International Regional Science Review, No 14, 1991: 127 – 130.

[168] 陈建军, 陈菁菁. 生产性服务业与制造业的协同定位研究——以浙江省 69 个城市和地区为例 [J]. 中国工业经济, 2011 (6): 142.

[169] 李清娟. 长三角产业同构向产业分工深化转变研究 [J]. 上海经济研究, 2006 (4): 47 – 56.

[170] 吕政, 刘勇, 王钦: 中国生产性服务业发展的战略选择——基于产业互动的研究视角 [J]. 中国工业经济, 2006 (8): 5 – 12.

[171] Scott A J. Flexible Production System and Regional Development the Rise of New Industrial Spaces in North America and Western Europe [J]. International Journal of Urban and Regional, 1988, 12 (5): 71 – 86.

[172] 顾江. 亚洲国家文化产业集群发展模式比较研究 [J]. 南京社会科学, 2009 (6): 38 – 41.

[173] 颜银根, 安虎森. 中国分割的经济空间: 基于区域间经济增长溢出的实证研究 [J]. 当代经济科学, 2014 (4): 47 – 57, 125 – 126.

[174] Ellison, Glaeser. Geographic Concentration in U. S. Manufacturing Industries: a Dartboard Approach, [J]. Journal of Political Econom, No. 05, 1997.

[175] 陈建军, 黄洁, 陈国亮. 产业集聚间分工和地区竞争优势——来自长三角微观数据的实证 [J]. 中国工业经济, 2009 (3): 130 – 139.

[176] 范剑勇, 高人元, 张雁. 空间效率与区域协调发展战略选择 [J]. 世界经济, 2010 (2): 30 – 36.

[177] 安虎森, 高正伍. 经济活动空间聚集的内生机制与区域协调发展的战略选项 [J]. 南京社会科学, 2010 (1): 22 – 29.

[178] 陈建军, 刘月, 邹苗苗. 产业协同集聚下的城市生产效率增进——基于融合创新与发展动力转换背景 [J]. 浙江大学学报 (人文社会科学版), 2016

(3)：150 – 163.

[179] 江静，刘志彪，于明超. 生产者服务业发展与制造业效率提升：基于地区和行业面板数据的经验分析 [J]. 世界经济，2007 (8)：52 – 62.

[180] Guerrieri Paolo, Meliciani Valentina. Technology and International Competitiveness：The Interdependence between Manufacturing and Producer Services [J]. Structural Change and Economic Dynam ics, 2005 (4)：209 – 241.

[181] Browning H, Singelmann J. The Emergence of a Service Society：Demographic and Sociological Aspects of Sectoral Transformation of the Labor Force in the U. S. A. [M]. Classification, 1975：15.

[182] 蔺雷，吴家喜，王萍. 制造企业服务增强的质量弥补：基于资源配置视角的实证研究 [J]. 2009 (6)：142 – 154.

[183] Poter M E. Clusters and New Economics of Competetion [J]. Harvard Business review, 1998 (11)：77 – 91.

[184] Baldwin, John R. , Brown, W. Mark & Righy. David L. , Agglomeration Economics：Microdata Panel Estimates From Canadian Manufaturing [J]. Journal of Regional Science, 2010 (5)：915 – 934.

[185] Devereux M P, Griffith R, Simpson H. The Geographic Distribution of Production Activity in the UK [J]. The Institute for Fiscal Studies, 1999 (26)：436 – 449.

[186] 杜义飞，李仕明. 产业价值链：价值战略的创新形式 [J]. 科学学研究，2004 (10)：552 – 556.

[187] Ellison G, Glaeser E L. Geographic Concentration in U. S. Manufacturing Industries：A Dartboard Approach [J]. Journal of Political Economy, 1997 (105)：387 – 394.

[188] 李清娟. 长三角产业同构向产业分工深化转变研究 [J]. 2006 (4)：47 – 56.

[189] Fujita, Masahisa, Paul Krugman & Anthony Venables. The Spatial Economy [M]. Cambridge, MA：MIT Press, 1999：81 – 85.

[190] Markusen. J. R. Trade in Producer Services and Other Specialized Intermediate Inputs [J]. Merican Conomic Review, 1989, 79 (1)：85 – 95.

[191] Simeon Djankov, Carolinc. Frenud Trade Flows in the Former Soviet Union 1987 to 1996 [J]. Journal of Omparative Economics, 2002, 30 (1)：76 – 90.

[192] Hidenobu Matsumoto. International Urban Systems and Air Passenger and

Cargo Flows Some Calculations [J]. Journal of Air Transport Management, 2004 (10): 241 – 249.

[193] 杜传忠, 等. 制造业与生产性服务业耦合协同能提高经济圈竞争力吗?——基于京津冀与长三角两大经济圈的比较 [J]. 产业经济研究, 2013 (6): 76 – 82.

[194] Klodt, H. Structural Change Towards Services: The German Experience [R]. University of Birmingham IGS Discussion Paper, 2000: 76 – 92.

[195] Eswarn, Kotwal. The Role of the Service Sector in the Process of Industria lization [J]. Journal of Development Economics, 2002 (2): 175 – 188.

[196] Se-Hark Park., Kenneth S. Chan. A Cross-Country Input-Output Analysis of Intersectoral Relationships between Manufacturing and Services and their Employment Implications [J]. World Development, 1989 (2): 201 – 219.

[197] Edward L Glaeser. Learning in Cities [J]. Journal of Urban Economics, 1999, 46 (2): 254 – 277.

[198] 刘承良. 武汉都市圈经济联系时空演变特征分析 [J]. 人文地理, 2006 (6): 108 – 114.

[199] 顾朝林, 庞海峰. 基于重力模型的中国城市体系空间联系与层域划分 [J]. 地理研究, 2008, 27 (1): 1 – 12.

[200] 王芳, 夏丽华, 张太煜. 基于 GIS 的珠江三角洲城市群结构与空间关联研究 [J]. 广州大学学报 (自然科学版), 2010, 9 (1): 47 – 53.

[201] 李秉强. 中国制造业与生产性服务业的耦合性判断 [J]. 统计与信息论坛, 2014 (4): 82 – 87.

[202] 殷阿娜, 王厚双. 京津冀产业梯度转移中的政府合作博弈演化 [J]. 技术经济, 2016 (1): 78 – 82.

[203] Amin A, Thrift N. Globalization, institutions, and regional development in Europe [M]. Oxford university press, 1995: 87 – 98.

[204] 廖重斌. 环境与经济协调发展的定量评判及其分类体系——以珠江三角洲城市群为例 [J]. 热带地理, 1999 (2): 171 – 177.

[205] 张林, 李雨田. 金融发展与科技创新的系统耦合机理及耦合协调度研究 [J]. 南方金融, 2015 (11): 53 – 61.

[206] Fujita M., Thisse J. F. Economics of Agglomeration: Cities [J]. Industrial Location, and Regional Growth, Cambridge, 2002 (5): 146 – 158.

[207] 尹新哲. 基于资源与环境约束下的生态农业与生态旅游业耦合产业系

统机制研究 [D]. 重庆：重庆大学经济与工商管理学院，2010：15 - 16.

[208] 王必锋，赖志花. 京津冀高端服务业与先进制造业协同发展机理与实证研究 [J]. 中国流通经济，2016（10）：112 - 119.

[209] Herbert G. Grubel，Michael A. Walker. Service Industry Growth：Cause and Effects [M]. Fraser Institute，1989：30 - 31.

[210] 吴福象，蔡悦. 中国产业布局调整的福利经济学分析 [J]. 中国社会科学，2014（2）：96 - 115.

[211] 崔向林，罗芳. "互联网 +" 背景下上海市生产性服务业与制造业协调发展研究 [J]. 上海经济研究，2017（11）：68 - 74.

[212] 才华，李贵春. 天津 GDP 增长与相关产业的灰色关联分析 [J]. 天津师范大学学报（自然科学版），2010（4）：78 - 80.

[213] 李子奈. 高等计量经济学 [M]. 北京：清华大学出版社，2006：120 - 130.

[214] 高铁梅. 计量经济分析方法与建模：Eviews 应用及实例（第 2 版）[M]. 北京：清华大学出版社，2009：156 - 160.

[215] 王倩莹，李志强，胡成盛. 部分线性面板数据模型中个体效应的 Bootstrap Hausman 检验 [J]. 北京化工大学学报（自然科学版），2016（1）：123 - 127.

[216] 李宁，韩同银. 生产性服务业与制造业产业空间关系综述与展望 [J]. 生产力研究，2017（5）：153 - 156.

[217] 代中强. 制造业与生产者服务业的互动关系——来自长三角的证据 [J]. 产业经济研究，2008（4）：76 - 90.

[218] 杜德瑞，王喆，杨李娟. 工业化进程视角下的生产性服务业影响因素研究——基于全国 2002～2011 年 31 个省市面板数据分析 [J]. 上海经济研究，2014（1）：3 - 17.

[219] 陈娜，顾乃华. 我国生产性服务业与制造业空间分布协同效应研究 [J]. 产经评论，2013（5）：61 - 79.

[220] 盛丰. 生产性服务业集聚与制造业升级：机制与经验——来自 230 个城市数据的空间计量分析 [J]. 产业经济研究，2014（3）：32 - 39.

[221] 陈晓峰，陈昭锋. 生产性服务业与制造业协同集聚的水平及效应——来自中国东部沿海地区的经验证据 [J]. 财贸研究，2014（5）：49 - 57.

[222] 席艳乐，李芊蕾. 长三角地区生产性服务业与制造业互动关系的实证研究——基于联立方程模型的 GMM 方法 [J]. 宏观经济研究，2013（1）：91 - 99.

［223］严任远. 生产性服务业的发展与制造业升级的互动关系研究——基于浙江宁波的实例分析［J］. 工业技术经济，2010（6）：82－86.

［224］刘明宇，芮明杰. 价值网络重构、分工演进与产业结构优化［J］. 中国工业经济，2012（5）：148－160.

［225］李宁，韦颜秋. 天津市生产性服务业与制造业协同发展研究［J］. 地域研究与开发，2016（6）：12－16.

［226］Polanyi，M. The Republic of Science：Its Politicaland Economic Theory［A］. in Criteria for Scientific Development：Public Policy and National Goals（Edited by Edward Shills）［M］. Boston：MITPress，1968：670－680.

［227］Granovetter，M. Economic Action and Social Structure：The Problem of Embeddedness［J］. American Journal of Sociology，1985，91（11）：481－510.

［228］许冠南. 关系嵌入性对技术创新绩效的影响研究［D］. 杭州：浙江大学管理学院，2008：13－16.

［229］刘明宇，芮明杰，姚凯. 生产性服务价值链嵌入与制造业升级的协同演进关系研究［J］. 中国工业经济，2010（8）：66－75.

［230］樊纲，王小鲁，马光荣. 中国市场化进程对经济增长的贡献［J］. 经济研究，2011（9）：4－16.

［231］卢锋. 当代服务外包的经济学观察：产品内分工的分析视角［J］. 世界经济，2007（8）：82－95.

［232］T. Stanback，P. Bearse，T. Noyelle，R. Karsek. Services：A New Look at the U. S. Economy，Totowa，N. Y.［R］. Allan Held Osmun and Co，1981：70－80.

［233］周振华. 产业融合：产业发展及经济增长的新动力［J］. 中国工业经济，2003（4）：46－52.

［234］Becker Gary，Murphy Kevin. The Division of Labor，Coordination Costs，and Knowledge［J］. The Quarterly Journal of Economics，1992（11）：135－161.

［235］Oz Shy. Industrial Organization：Theory and Application［M］. Cambridge：The MIT Press，1995：25－30.

［236］李美云. 基于价值链重构的制造业和服务业间产业融合研究［J］. 广东工业大学学报（社会科学版），2011（10）：34－40.

［237］吴正刚，韩玉启，朱慧明. 模块化企业群共同演进研究［J］. 管理评论，2005（12）：49－53.

［238］Perry，M. Flexible Production，Externalization and the Interpretation of Business Service Growth［J］. The Services Industries Journal，1992，12（1）：1－16.

［239］韩同银，李宁.河北省生产性服务业集聚对制造业升级的影响——基于京津冀协同视角［J］.河北经贸大学学报，2017（5）：83-88.

［240］姚峰，范红辉.河北省对接京津冀协同发展的五大着力点［J］.经济纵横，2015（1）：106-109.

［241］安树伟，肖金成.京津冀协同发展：北京的"困境"与河北的"角色"［J］.广东社会科学，2015（4）：5-11.

［242］陈耀.京津冀协同发展背景下省会城市提升的战略思考［J］.经济与管理，2015，29（2）：10-12.

附 录 A

现代制造业行业小类名称及代码

类别	行业小类代码	行业名称
电子类	4011	通信传输设备制造
	4012	通信交换设备制造
	4013	通信终端设备制造
	4014	移动通信及终端设备制造
	4019	其他通信设备制造
	4020	雷达及配套设备制造
	4031	广播电视节目制作及发射设备制造
	4032	广播电视接收设备及器材制造
	4041	电子计算机整机制造
	4042	计算机网络设备制造
	4043	电子计算机外部设备制造
	4051	电子真空器件制造
	4052	半导体分立器件制造
	4053	集成电路制造
	4059	光电子器件及其他电子器件制造
	4061	电子元件及组件制造
	4062	印制电路板制造
	4071	家用影视设备制造
	4072	家用音响设备制造

续表

类别	行业小类代码	行业名称
机电类	3411	金属结构制造
	3512	内燃机及配件制造
	3521	金属切削机床制造
	3530	起重运输设备制造
	3577	衡器制造
	3642	印刷专用设备制造
	3645	照明器具生产专用设备制造
	3661	电工机械专用设备制造
	3662	电子工业专用设备制造
	3669	航空、航天及其他专用设备制造
	3691	环境污染防治专用设备制造
	3695	社会公共安全设备及器材制造
	3911	发电机及发电机组制造
	3912	电动机制造
	3919	微电机及其他电机制造
	3921	变压器、整流器和电感器制造
	3922	电容器及其配套设备制造
	3923	配电开关控制设备制造
	3924	电力电子全器件制造
	3929	其他输配电及控制设备制造
	3931	电线电缆制造
	3933	绝缘制品制造
	3939	其他电工器材制造
	3940	电池制造
	3971	电光源制造
	3979	灯用电器附件及其他照明器具制造
	3999	其他未列明的电气机械制造
	4111	工业自动控制系统装备制造

续表

类别	行业小类代码	行业名称
机电类	4112	电工仪器仪表制造
	4113	绘图、计算及测量仪器制造
	4114	实验分析仪器制造
	4115	试验机制造
	4119	供应用仪表及其他通用仪器制造
	4121	环境监测专用仪器仪表制造
	4122	汽车及其他用计数仪表制造
	4123	导航、气象及海洋专用仪器制造
	4125	地质勘探和地震专用仪器制造
	4126	教学专用仪器制造
	4127	核子及核辐射测量仪器制造
	4128	电子测量仪器制造
	4129	其他专用仪器制造
	4141	光学仪器制造
	4151	电影机械制造
	4153	照相机及器材制造
	4155	计算器及货币专用设备制造
	4159	其他文化、办公用机械制造
	4190	其他仪器仪表的制造及修理
交通类	3711	铁路机车车辆及动车组制造
	3713	铁路机车车辆配件
	3721	汽车整车制造
	3722	改装汽车制造
	3725	汽车零部件及配件
	3761	飞机制造及修理
	3762	航天器制造

续表

类别	行业小类代码	行业名称
医药类	2710	化学药品原药制造
	2720	化学药品制剂制造
	2740	中成药制造
	2750	兽用药品制造
	2760	生物、生化制品的制造
	2770	卫生材料及医药用品制造
	3681	医疗诊断、监护及治疗设备制造
	3683	实验室及医用消毒设备和器具的制造
	3684	医疗、外科及兽医用器械制造
	3686	假肢、人工器官及植（介）入器械制造
其他类	1320	饲料加工
	1494	食品及饲料添加剂制造
	2330	记录媒介的复制
	2632	生物化学农药及微生物农药制造
	2651	初级形态的塑料及合成树脂制造
	2652	合成橡胶制造
	2653	合成纤维单（聚合）体的制造
	2661	化学制剂和助剂制造
	2665	信息化学品制造
	2911	车辆、飞机及工程机械轮胎制造
	3124	轻质建筑材料制造
	3143	光学玻璃制造

附 录 B

2011～2015 年北京制造业细分行业产值

北京制造业部门（产值万元）	2011 年	2012 年	2013 年	2014 年	2015 年
煤炭开采和洗选业	5745119	6870351	8114922	7131795	5491992
石油和天然气开采业	***	1926747	***	***	***
黑色金属矿采选业	1907443	2127152	1725739	1655920	1316681
非金属矿采选业	***	***	***	23224	23348
开采辅助活动	36182	***	2422379	2086699	2029296
农副食品加工业	2827611	3213986	3496368	3788262	3825018
食品制造业	1926002	2212686	2450772	2601593	2789079
酒、饮料和精制茶制造业	1660762	1966075	2128080	2103232	1919525
烟草制品业	***	***	***	***	***
纺织业	718176	859704	373862	336654	206051
纺织服装、服饰业	1079115	1125314	1545488	1503202	1379236
皮革、毛皮、羽毛及其制品和制鞋业	89474	95007	118160	120947	111189
木材加工和木、竹、藤、棕、草制品业	169965	130597	116970	133253	135018
家具制造业	579613	578645	692334	763431	798476
造纸和纸制品业	676919	667255	628095	639170	644423
印刷和记录媒介复制业	1317877	1198025	1203673	1224709	1230727
文教、工美、体育和娱乐用品制造业	149199	130008	802247	895197	830143
石油加工、炼焦和核燃料加工业	8251513	9024830	8863394	7671873	8453806
化学原料和化学制品制造业	3582995	3711524	3458832	3495538	3520728

续表

北京制造业部门（产值万元）	2011 年	2012 年	2013 年	2014 年	2015 年
医药制造业	3727609	4528768	5433353	5991489	6690347
化学纤维制造业	27347	***	***	***	***
橡胶和塑料制品业	271113	261531	1100145	1095806	1128322
非金属矿物制品业	917941	854596	4611240	4910553	4880385
黑色金属冶炼和压延加工业	3924789	4451708	1621909	1527066	1338253
有色金属冶炼和压延加工业	4328334	1831483	866905	683433	686892
金属制品业	715695	947482	2991437	3003411	3062268
通用设备制造业	2334541	2513578	5247449	5169300	5505967
专用设备制造业	5476995	5979399	5103239	6146718	5903160
汽车制造业	5023520	5656007	25214885	32692487	36476369
铁路、船舶、航空航天和其他运输设备制造业	21777477	24956199	2001808	2619740	3815408
电气机械和器材制造业	6991429	7750752	6696846	7140550	7375878
计算机、通信和其他电子设备制造业	22291049	20261507	20548734	22170113	24244643
仪器仪表制造业	2279103	2423325	2243373	2457819	2573411
其他制造业	1008694	1380021	562451	780769	523436

资料来源：2012～2016 年《北京统计年鉴》。

附 录 C

2011～2015 年天津制造业细分行业产值

天津制造业部门（产值亿元）	2011 年	2012 年	2013 年	2014 年	2015 年
煤炭开采和洗选业	642.56	927.78	1187.33	1488.16	1651.978
石油和天然气开采业	1431.32	1814.17	1391.46	1299.08	1216.216
黑色金属矿采选业	47.53	75.49	91.96	112.03	120.5145
非金属矿采选业	11.75	11.93	12.82	12.29	13.27393
农副食品加工业	381.90	515.93	820.43	827.64	843.0454
食品制造业	333.13	678.38	954.37	1128.39	1305.961
酒、饮料和精制茶制造业	107.42	152.04	140.83	185.15	178.7164
烟草制品业	26.43	32.35	45.32	50.16	50.62523
纺织业	82.00	85.76	83.73	91.26	101.3839
纺织服装、服饰业	184.14	231.06	281.90	317.89	327.4615
皮革、毛皮、羽毛及其制品业和制鞋业	21.95	24.78	48.57	53.58	55.42419
木材加工和木、竹、藤、棕、草制品业	16.78	17.18	17.87	14.85	17.05599
家具制造业	50.46	54.51	76.56	86.81	88.73198
造纸及纸制品业	128.11	146.76	189.59	208.05	233.8819
印刷和记录媒介复制业	38.45	40.02	42.17	80.21	93.30553
文教、工美、体育和娱乐用品制造业	49.05	51.05	192.63	349.35	425.0174
石油加工、炼焦及核燃料加工业	943.67	1257.77	1181.60	1378.92	1154.008
化学原料及化学制品制造业	909.06	1154.91	1204.39	1293.48	1452.693
医药制造业	293.48	330.19	408.43	475.80	492.5218

续表

天津制造业部门（产值亿元）	2011 年	2012 年	2013 年	2014 年	2015 年
化学纤维制造业	6.64	9.33	14.28	17.45	16.34018
橡胶和塑料制品业	400.94	396.73	414.83	459.83	540.5449
非金属矿物制品业	258.64	287.68	314.00	320.44	369.2199
黑色金属冶炼和压延加工业	2740.86	3542.55	3757.32	4085.76	4400.06
有色金属冶炼和压延加工业	454.09	618.06	687.96	862.83	865.3192
金属制品业	679.05	830.58	1032.24	1156.41	1251.519
通用设备制造业	728.83	857.05	829.12	969.71	1089.817
专用设备制造业	504.02	605.65	1009.61	1181.77	1135.132
交通运输设备制造业	1924.43	2131.42	2326.24	2624.28	2974.807
电气机械和器材制造业	663.85	813.96	849.27	997.75	1133.37
计算机、通信和其他电子设备制造业	1721.31	2045.06	2558.62	3040.47	2963.414
仪器仪表制造业	150.75	131.06	67.48	62.13	59.77763
其他制造业	73.51	94.15	55.22	73.58	99.26947

资料来源：2012~2016 年《天津统计年鉴》。

附 录 D

2011～2015 年河北省制造业细分行业产值

河北省制造业部门（产值亿元）	2011 年	2012 年	2013 年	2014 年	2015 年
煤炭开采和洗选业	909.16	1123.16	1190.32	1344.84	1137.9
石油和天然气开采业	228.52	300.17	300.30	292.02	283.6
黑色金属矿采选业	595.09	936.93	1238.19	2704.51	2463.8
有色金属矿采选业	20.80	22.00	38.40	62.21	55.7
非金属矿采选业	11.23	42.60	44.45	114.74	135.2
农副食品加工业	516.81	740.31	878.37	2088.36	2228.9
食品制造业	239.72	368.62	420.28	824.84	936.7
酒、饮料和精制茶制造业	142.97	203.25	226.29	465.61	488.0
烟草制品业	116.82	135.92	165.40	175.41	182.3
纺织业	275.17	462.79	591.21	1610.64	1716.5
纺织服装、服饰业	38.03	115.49	149.11	409.63	423.8
皮革、毛皮、羽毛及其制品和制鞋业	257.64	427.95	612.53	1166.16	1290.9
木材加工和木、竹、藤、棕、草制品业	44.29	64.79	38.46	234.09	260.5
家具制造业	17.43	47.09	79.85	201.56	234.9
造纸和纸制品业	114.14	139.23	191.47	516.94	520.5
印刷和记录媒介复制业	40.85	51.58	55.28	290.69	327.3
文教、工美、体育和娱乐用品制造业	6.43	13.45	64.97	274.65	323.8
石油加工、炼焦和核燃料加工业	1373.98	1810.85	2061.67	2126.5	1961.3
化学原料和化学制品制造业	762.58	879.14	988.42	2377.01	2550.8

续表

河北省制造业部门（产值亿元）	2011 年	2012 年	2013 年	2014 年	2015 年
医药制造业	320.32	351.23	403.96	707.04	765.6
化学纤维制造业	26.83	34.87	33.95	78.57	81.7
橡胶和塑料制品业	110.66	109.48	265.01	1129.44	1263.2
非金属矿物制品业	106.87	96.37	827.34	1936.79	2007.0
黑色金属冶炼和压延加工业	565.44	789.88	10356.17	11974.36	11570.9
有色金属冶炼和压延加工业	8207.64	10463.89	228.26	580.33	554.3
金属制品业	100.38	118.19	882.80	2436.38	2752.2
通用设备制造业	377.60	570.14	351.59	1257.23	1396.5
专用设备制造业	435.12	602.67	558.91	1293.64	1426.5
汽车制造业	318.99	392.06	1114.66	1796.93	1970.1
铁路、船舶、航空航天和其他运输设备制造业	977.32	1204.91	230.16	442.35	524.3
电气机械和器材制造业	693.65	784.04	648.10	1760.14	1980.8
计算机、通信和其他电子设备制造	162.69	206.63	236.03	440.79	464.8
仪器仪表制造业	23.48	34.54	27.88	83.72	86.1
其他制造业	33.36	60.86	14.75	32.99	48.2

资料来源：2012~2016 年《河北统计年鉴》。